우아한 경매

핵심만 담은 부동산 경매 &
★ ★ 왕초보 투자자들의 실전 투자 분투기 ★ ★

# 우아한 경매

김진원 지음

천그루숲

넘쳐나는 부동산 서적들과 유튜브 채널들 속에서 뒤엉킨 정보와 사례들은 이제 막 부동산 경매를 시작하려는 입문자들에게 오히려 혼란만 주고 있다. 유용한 정보를 필요한 사람들에게 전달하고자 했던 순수한 의도는 오히려 과부하된 정보가 되어 실행의 의사결정에 있어 걸림돌이 되고 있다. 필자 역시 텐엑스에듀(tenxedu.co.kr)와 부동산 메신저(유튜브) 채널을 운영하며 온라인 경매 강의와 경매 관련 정보를 제공하고 있기 때문에 이러한 점에 있어서 자유롭지 못한 것도 사실이다.

하지만 나의 강의와 채널에 찾아오는 사람들의 의견은 대부분 비슷했다. 온오프라인을 통해 경매 정보를 많이 접했기에 '이론은 충분히 잘 알고 있는데, 막상 시작하려니 확신이 없고 두렵다'는 것이다. 이처럼 많은 경매 입문자들이 지식과 정보의 홍수 속에서 충분한 이론지식을 접했지만 실제 투자에 뛰어들 때에는 갈피를 잡지 못하고 있는 것이 현실이다.

그래서 이 책《우아한 경매》에서는 이론보다는 확신이 필요한 독자들에게 지금 바로 실전 경매에서 성공할 수 있도록 현장의 꼭 필요한 정보만 제공하고자 노력했다.

경매 입문자들이 경매 강의를 듣고, 여러 채널에서 정보를 습득하고 이해하며, 확신을 얻기까지 들이는 시간과 노력은 상상 이상이다. 하지만 그렇게 수많은 정보를 흡수하다 보면 적지 않은 스트레스를 받게 되고, 결국 실행력과 추진력을 상실하게 된다. 그렇다면 이제 당신의 목표를 관철하기 위해서는 흩어져 있는 이론과 정보의 정리가 필요하다. 필자는 항상 '홍수 같은 정보들 중에 실전에서 사용하는 성공이론은 20%에 불과하다'고 강조한다. 그렇다면 그 20%의 '성공이론'을 배워 즉시 시작하면 된다. 필자의 경험상 나머지 80%는 학습이 아닌 '실전 경험'을 통해 터득되고 습득하게 된다.

우리가 경매를 하는 가장 큰 이유는 지식을 쌓고 새로운 정보를 습득하기 위한 것이 아니다. 바로 '돈'을 벌고 '자산'을 축적하기 위함이다. 즉, 공부의 '양'이 중요한 게 아니라 수익을 내기 위한 '방향성'과 성공하기 위한 '루틴(routin)' 몇 가지만 알고 있으면 된다. 자동차로 이해하면 쉽다. 우리가 자동차를 운전하기 위해 가장 먼저 하는 것은 그 차에 탑승하여 시동을 걸고 기어를 넣은 후 액셀을 밟고 출발하는 것이다. 우리는 자동차 운전을 하며 엔진의 구조와 자동차의 숨은 구동원리까지 생각하며 운전하지 않는다. 단지 핸들을 잡고 액셀을 밟으며 능숙하게 운전한다. 경매도 마찬가지다. 수많은 경매 이론과 법에 대한 해석 및 판례를 모두 머릿속에 입력하고 시작할 필요는 없다. '권리분석'이라는 큰 뼈대를 잡고 위험요소를 제거한 후 바로 시작하면 된다.

권리분석, 입찰, 낙찰, 소유권 이전, 명도, 매각 또는 운영까지 한 사이 클을 경험하며 실전 경매에 뛰어들면 된다. '나는 아직 이론이 부족하기 때문에 지금 바로 시작할 수 없어' '분명 함정이 있을 거야' '좀 더 공부를 해야 돼'라는 불안감에 권리분석에서 다음 단계로 나아가지 못하는 것 이 안타까울 뿐이다.

필자가 생각하는 경매 투자의 본질은 '수익'이다. 즉, 어떻게 계획을 세 워 실행하고 결과를 내느냐가 무엇보다 중요하다. 누구나 경매 공부를 할 수는 있지만, 아무나 수익을 낼 수는 없다. 독자 여러분이 경매 투자 에 성공하고 싶다면 수익을 내는 데 목표를 두고 필요한 이론만을 빠르 게 배워야 한다. 이렇게 구체적인 목표를 정하고 낙찰부터 매도까지 한 사이클을 경험해 보아야 한다. 그래야 투자에 대한 본질을 배울 수 있기 때문이다.

그래서 이 책에서는 바로 실전으로 들어가고자 한다. Part 1에서는 경 매 초·중급자가 반드시 알아야 하는 '실전 권리분석'과 실전 경매에서 가장 필요한 '투자 노하우'를 사례와 함께 핵심만 전달할 것이다. 독자 여러분은 Part 1에서 나오는 다양한 경매 관련 사례들을 통해 신속하고 완벽한 권리분석 기술을 배우게 되며, 그대로만 실행한다면 이겨놓고 싸 우는 게임을 할 수 있다. 그리고 Part 2에서는 여러분과 똑같은 환경에서 시작한 10명의 투자자들이 처음 경매에 도전하며 경험한 생생한 투자사 례를 통해 실전 경매의 세계를 간접 체험할 수 있을 것이다.

나는 10년 넘게 경매 투자를 하면서 터득한 것이 하나 있다. '물건의 난이도가 수익을 결정하지 않는다'는 것이다. 특수물권, 지분경매, 도로 등 하자 있는 물건이 높은 수익을 보장하지 않는다. 오히려 평범한 물건보다 수익이 낮고 리스크가 높은 경우가 많다. 이런 특수한 물건보다 초보자도 쉽게 분석할 수 있는 일반적인 물건으로 큰 수익을 만들어야 한다. 이때 일반적인 물건에서 '옥석'을 가리려면 뚜렷한 '목표'를 가지고 접근해야 큰돈을 벌 수 있다. 새로운 접근법과 발상의 전환으로 평범한 부동산에서 가치를 찾아낸다면 큰 경쟁 없이 옥석을 얻을 수 있을 것이다.

이 한 권의 책이 당신에게 엄청난 부를 가져다주진 못하더라도 도전할 수 있는 용기와 부동산 경매를 통해 새로운 수익을 만들어 줄 수 있다면 필자는 더할 나위 없이 기쁠 것이다. 실행의 차이가 결과의 차이고, 그 차이가 결국 성공의 바로미터가 된다. 당신도 충분히 해낼 수 있다. 경매는 엄청난 경쟁을 통해 치열하고 독하게 하는 것이 아니다. 경매는 고상하고, 기품 있으며, 아름답게 할 수 있다. 이제 대세는 '우아한 경매'다. 당신의 승리를 진심으로 응원한다.

김진원 드림

차 례

## Part 1 핵심만 쏙쏙! 실전 권리분석과 경매 투자 노하우

# Part 2 왕초보 투자자들의 실전 경매 분투기

# PART 1

# 핵심만 쏙쏙!
# 실전 권리분석과
# 경매 투자
# 노하우

# 1장

## 권리분석의 기초, 말소기준권리 찾는 법

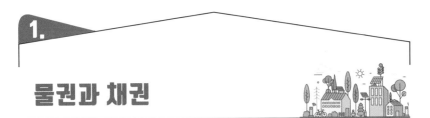

# 1.

# 물권과 채권

　우리나라의 '민법'에서는 개인과 개인 사이에서 발생할 수 있는 법률 관계를 정해 놓고 있다. 그리고 민법에서 말하는 '권리'는 다음과 같이 하나의 사슬체계로 이루어져 있다. 형식적이지만 본론으로 들어가기 전에 경매의 기초가 되는 '물권'과 '채권'에 대해 간단히 짚고 넘어가자.

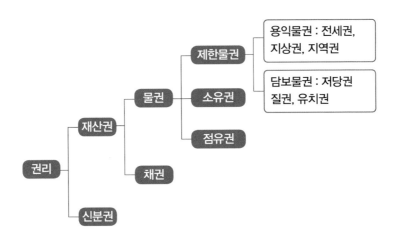

# 물권과 채권의 차이

부동산 경매는 2002년에 제정된 '민사집행법'에 의해 진행되는데, '재산권'과 '신분권' 중 '재산권'만 공부하면 된다. 재산권은 효력(작용) 면에서는 지배권이자 절대권이며, 다시 '물권'과 '채권'으로 나누어진다. '물권'은 사람과 부동산의 관계에 대한 권리이며, '채권'은 사람과 사람 간의 특정한 행위를 청구할 수 있는 권리이다.

우리가 물권과 채권을 제대로 이해한다면 부동산 경매의 핵심인 '권리분석'에 대한 큰 뼈대를 잡을 수 있다. 여기서 권리분석이란 낙찰자가 물권과 채권에 대해 '인수' 또는 '소멸'하는 권리가 있는지 여부를 확인하고, 인수해야 하는 권리가 있다면 그 인수범위는 어디까지이며, 또 인수권리는 해결이 가능한 것인지를 밝혀내는 작업이다. 하지만 너무 깊게 파고들 필요는 없다. 이론은 그저 이론일 뿐이고 실전에 크게 영향을 주지 않기 때문이다.

먼저 물권(物權)에 대해 알아보자. 물권은 '소유권'(사용·수익·처분할 수 있는 권리)과 '전세권·지상권·지역권'(사용·수익하며 때에 따라 처분할 수 있는 권리로, 용익물권이라고 한다), '저당권·질권·유치권'(채권을 담보하기 위해 설정하며 때에 따라 처분할 수 있는 권리로, 담보물권이라고 한다), '점유권'으로 구분하며, 특정한 부동산을 직접 지배하여 배타적 이익을 얻는 권리를 말한다. 예를 들어 A가 주택을 한 채 소유하고 있다면 A는 소유권자로서 그 집을 '사용'하고 '수익'하며 '처분'할 수 있다(소유권=물권). 그리고 A가 소유한 주택을 B에게 전세를 주었다면 그 전세권자 B는 계약기간 동안

| | |
|---|---|
| • B가 A의 집에 전세로 살면서 '전세권' 을 설정하면 물권 | • A가 B에게 돈을 빌리면 채권 |
| • A가 주택담보대출을 받는다면 은행은 그 주택에 '근저당'을 설정하고 대출을 진행하므로 은행이 설정한 근저당은 물권 | • A가 C에게 사업상 필요한 물품을 납품받고, 약속한 돈을 지불하지 않으면 채권 |
| | • B가 A의 집에 세입자로 전입신고와 확정일자를 받고 살면 채권 |
| | • A가 신용대출을 받았다면 채권 |

사용·수익할 수 있는 권리가 있으며(전세권=물권), B가 사는 동안 다른 누구도 전세권을 설정할 수 없다. 또한 계약기간 만료시 A가 보증금을 빼주지 않는 경우 B전세권자는 경매를 통해 '처분'도 가능하다(사용·수익, 때에 따라 처분도 가능). 이처럼 절대적으로 누구에게나 권리 주장이 가능하기 때문에 A가 C에게 주택을 팔아도 B의 전세권은 물권으로써 유효하며, 새로운 집주인 C에게도 그 권리를 주장할 수 있다. 따라서 물권은 다툼의 여지가 없다. 또한 강력한 힘을 가지고 있는 물권은 등기제도에 따라 '등기사항전부증명서'(舊 등기부등본)에 기록하여 제3자에게 공시된다.

그럼, 채권(債權)이란 무엇인가? 우리가 누군가에게 돈을 빌려주었다면 그 돈을 받을 권리가 채권에 해당되며, 보통 아는 사람끼리 자금 조달을 위해 한 사람은 돈을 빌려주고(채권자) 한 사람이 돈을 빌리면(채무자), 빌려가는 사람은 언제까지 갚겠다는 차용증(쌍방 각서)을 작성하게 된다. 그런데 돈을 빌린 사람이 돈을 갚지 않는다면 돈 받을 권리를 가지고 있는 사람이 약속한 상대방(채무자)에게만 이행을 청구할 수 있는 권리이다. 즉, 모든 사람이 아닌 약속한 상대방(특정인)에게만 권리를 주장할 수 있다.

## 물권과 채권의 이해는 권리분석의 시작

경매를 공부함에 있어서 물권과 채권의 개념을 모른다면 권리분석을 제대로 할 수 없고, 깊이 있는 경매도 불가능하다. 필자 또한 처음 경매 공부를 시작했을 무렵 실전에서 공인중개사 업을 하고 있으면서도 물권과 채권의 기본개념조차 몰랐다는 것에 적잖게 당황했었다.

물론 모든 내용을 외울 필요는 없다. 필자는 모든 개념과 지식은 이해하기 쉽고 단순하게 접근이 가능해야 한다고 생각한다. 그래야 시작이라는 첫 단추를 끼고 실행할 수 있기 때문이다. 너무 많은 지식과 사례들은 오히려 시작하려는 단계에서 함정이 될 수 있다. 고수들은 복잡한 문제를 쉽게 풀어 이야기하지만, 하수들은 아주 단순한 내용도 복잡하게 받아들인다. 빠르게 이해하고, 완벽하게 만드는 것이 험난한 경매 현장에서 살아남는 방법이다.

등기사항전부증명서에 기재되지 않지만 돈 받을 권리가 있으면 채권

(차용증), 등기사항전부증명서에 기재되며 직접적으로 지배하여 이익을 얻는 배타적 권리는 물권(소유권)으로 이해하면 간단하다. 그리고 ① 물권은 채권에 우선하며, ② 제한물권(용익물권, 담보물권)은 소유권에 우선하고, ③ 제한물권 상호간에는 성립 순위에 따라 우선적으로 효력이 발생한다는 사실을 기억하면 된다. 이 내용을 권리 명칭으로 바꿔 보면 ① 전세권이 가압류보다 우선한다(등기부상 접수번호가 전세권보다 늦은 가압류는 배당도 늦다). ② 근저당이 소유권보다 우선한다(소유자가 돈을 갚지 못하면 근저당권자는 경매에 넘긴다). ③ 근저당과 근저당이 경합하면 접수순위에 따른다(등기부상 접수번호가 빠른 근저당이 우선한다)는 내용이다.

## 물권과 채권의 우선순위

| 구분 | 물권 | 채권 |
| --- | --- | --- |
| 부동산에 미치는 영향 | 직접 지배 가능<br>(점유, 사용, 수익) | 영향력 없음<br>(압류는 가능) |
| 권리 주장 | 누구나 모두에게 주장 가능한 절대권 | 채무자에게만 청구할 수 있는 상대권 |
| 권리대상 | 채무자의 해당 물건에 권리 주장(대물권) | 채무자에게 권리 주장(대인권) |
| 배타성 | 해당 물권에 대해 배타성 있음 | 없음 |
| 권리변동시 공시 | 공시 필요 | 공시 불필요 |
| 권리 내용 | 법에 따라 일률적으로 정해짐 | 자유계약 |

# 2.
# 권리분석의 핵심, 말소기준권리

경매는 누군가에게는 위험하지만, 또 다른 누군가에게는 바둑보다 쉬울 수 있다. 많은 사람들이 경매가 위험하다고 생각하는 이유는 일반 매물들과 다르게 각종 권리와 하자들이 뒤엉켜 있기 때문이다. 그러나 결론부터 말하면 경매는 '말소기준권리'가 있어서 위험하지 않다.

경매가 진행 중인 부동산의 경우 기본적으로 등기사항전부증명서를 통해 하자 있는 권리들을 발견하게 된다(여기서 '하자'라는 것은 채무자의 과다한 채무로 인해 그 부동산에 설정되어 있는 각종 권리들이다. 예를 들어 압류, 가압류, 근저당, 전세권, 임차권 등을 말한다). 그러나 그런 하자 있는 권리들은 대부분 낙찰로 인해 소멸하는데, 그 기준이 되는 권리를 '말소기준권리'라고 한다(법률용어가 아니라 경매인들이 통상적으로 사용하는 용어이며 '말소기준등기'라고도 한다). 따라서 말소기준권리를 찾으면 경매의 권리분석은 80% 끝난다고 볼 수 있다.

# 말소기준권리

　말소기준권리를 끊어서 읽어보자. 말소 / 기준 / 권리, 즉 말소의, 기준이 되는, 권리들이다. 결국 이 권리보다 날짜가 빠르면 선순위 권리가 되어 원칙적으로 매수인이 인수해야 하고, 이 권리보다 날짜가 늦은 후순위 권리는 매수인이 낙찰대금을 납부하면 말소(소멸)한다. 예를 들어 필자가 부동산을 매입하면서 A은행에서 대출을 받았다면 A은행은 필자의 부동산에 근저당(물권)을 설정한다. 이후 등기사항전부증명서를 살펴보면 '을구'에 A은행 근저당 설정을 볼 수 있다. 그런데 필자가 A은행에서 빌린 돈을 갚지 않는다면 은행은 필자의 부동산을 경매로 넘기고, B라는 사람이 그 부동산을 낙찰받아 낙찰대금을 납부하면 A은행이 설정한 '근저당'은 아무 조건 없이 '말소'된다. 그 이유는 법으로 근저당은 '말소기준권리'로 정해 놓았기 때문이다.

　그렇다면 말소기준이 되는 권리들은 어떤 것들이 있을까? 경매에서 말소기준권리는 근저당권, 저당권, 가압류, 압류, 전세권, 담보가등기, 경매개시결정등기의 일곱 가지가 있다. 경매를 시작하는 사람이라면 무조건 암기해야 하는 사항인데, 줄여서 '근/저/가/압/전/담/경'으로 앞 글자를 따서 반드시 외워두길 바란다. 이 7가지 권리들은 낙찰과 동시에 말소(소멸)하며, 등기사항전부증명서에서 접수번호가 가장 빠른 권리가 말소기준권리가 된다.

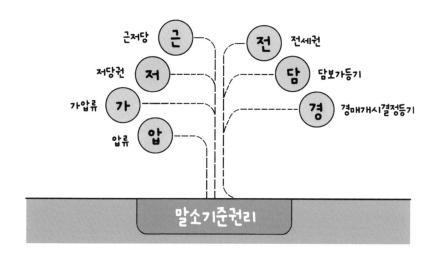

| | 근저당 | 근 | | 전 | 전세권 |
|---|---|---|---|---|---|
| | 저당권 | 저 | | 담 | 담보가등기 |
| | 가압류 | 가 | | | |
| | 압류 | 압 | | 경 | 경매개시결정등기 |

**말소기준권리**

**Case** 2014년 12월 5일 설정된 근저당이 말소기준권리인 사례

* **등기부현황** ( 채권액합계 : 1,289,845,896원 )

| No | 접수 | 권리종류 | 권리자 | 채권금액 | 비고 | 소멸여부 |
|---|---|---|---|---|---|---|
| 1(갑8) | 2014.12.05 | 소유권이전(매매) | 김▒▒ | | 거래가액:1,300,000,000 | |
| 2(을4) | 2014.12.05 | 근저당 | 신한은행 | 600,000,000원 | 말소기준등기 | 소멸 |
| 3(갑9) | 2015.06.11 | 압류 | 성동세무서 | | | 소멸 |
| 4(을5) | 2015.09.15 | 근저당 | 중부세무서 | 689,845,896원 | | 소멸 |
| 5(갑10) | 2015.10.14 | 압류 | 중부세무서 | | | 소멸 |
| 6(갑11) | 2015.11.05 | 압류 | 서울특별시광진구 | | | 소멸 |
| 7(갑12) | 2015.11.18 | 압류 | 동대문세무서 | | | 소멸 |
| 8(갑13) | 2015.11.24 | 압류 | 삼성세무서 | | | 소멸 |
| 9(갑14) | 2016.10.11 | 압류 | 서울특별시중구 | | | 소멸 |
| 10(갑15) | 2017.06.01 | 압류 | 국민건강보험공단 | | | 소멸 |
| 11(갑16) | 2019.11.13 | 임의경매 | 신한은행<br>(여신관리부) | 청구금액: 433,435,207원 | 2019타경▒▒▒▒▒ | 소멸 |
| 12(갑17) | 2020.06.25 | 압류 | 서울특별시동대문구 | | | 소멸 |

이 사례는 경매정보사이트에서 실제 경매 진행 중인 물건이다. 여기서 말소기준권리가 될 수 있는 권리는 압류와 근저당이다. 그리고 이 부동산에 설정되어 있는 '모든 권리' 중에서 가장 먼저 설정된 '신한은행 근저당'이 말소기준권리이다. 따라서 말소기준권리가 되는 신한은행 근저

당을 '기준'으로 모든 권리는 '소멸(말소)'한다.

이제 좀 더 세밀하게 권리분석을 해보자. 권리분석은 다음과 같이 총 3단계로 이루어진다.

## 1단계) 말소기준권리 찾기

1) 근저당권

2) 저당권

3) 가압류

4) 압류

5) (선순위) 전세권

선순위라는 것은 다른 권리보다 가장 빨리 접수(등기)된 것으로, 선순위 전세권이 말소기준권리가 되기 위해서는 전세권자가 ① 경매신청을 했거나 ② 배당요구를 한 경우여야 한다. 두 가지 요건 중 하나만 충족하면 된다. 만약 그렇지 않은 경우는 낙찰자가 전세권자의 보증금과 권리를 모두 '인수'해야 한다.

• **임차인현황** ( 말소기준권리 : 2019.01.11 / 배당요구종기일 : 2019.06.14 )

| 임차인 | 점유부분 | 전입/확정/배당 | 보증금/차임 | 대항력 | 배당예상금액 | 기타 |
|---|---|---|---|---|---|---|
| 김XXX | 주거용 전부 | 전입일자: 미상<br>확정일자: 미상<br>배당요구: 없음 | 보 3,500,000,000원 | 매수인 인수 | | 선순위전세권등기자 |

| 기타사항 | ☞ 목적물에 대하여 현황조사차 방문하여 점유자의 가사도우미(박XX)를 만나 현황조사 개요를 설명하고 '안내문'을 교부하였음.<br>☞ 가사도우미에 의하면, 거주자의 이름 및 소유여부는 모르나 2명이 거주한다 함.<br>☞ 전입세대열람 내역에 의하면 해당 주소에 전입세대가 없음.<br>☞ 김XXX: 김XXX은 전세권자로서 전세권설정등기일은 2019.01.11 임. |
|---|---|

| 전문가멘트 | ☞ 선순위전세권은 배당요구종기일 전에 배당요구를 한 경우 매각되나, 배당요구를 하지 않으면 매수인이 인수하여야 합니다. 인수되는 전세권인 경우 전세금 인수와 잔여 존속기간도 인정해 주어야하므로, 이를 감안하고 입찰에 참여하시기 바랍니다.<br>※ 전세권의 존속기간 만료 전 6월부터 1월까지 사이에 전세권자에게 갱신거절의 통지를 하지 아니한 경우에는 그 기간이 만료된 때에 전전세권과 동일한 조건으로 다시 전세권을 설정한 것으로 본다. 이 경우 전세권의 존속기간은 그 정함이 없는 것으로 본다.[민법 제312조 4항], 전세권의 존속기간을 약정하지 아니한 때에는 각 당사자는 언제든지 상대방에 대하여 전세권의 소멸을 통고할 수 있고, 상대방이 통고를 받은 날로부터 6월이 경과하면 전세권은 소멸한다[민법 제313조] |
|---|---|

• **등기부현황** ( 채권액합계 : 7,170,000,000원 )

| No | 접수 | 권리종류 | 권리자 | 채권금액 | 비고 | 소멸여부 |
|---|---|---|---|---|---|---|
| 1(갑9) | 2019.01.11 | 소유권이전(매매) | 신XX | | 거래가액:4,500,000,000 | |
| 2(을15) | 2019.01.11 | 전세권(전부) | 김XX | 3,500,000,000원 | 존속기간:<br>2019.1.11~2021.1.10 | 인수 |
| 3(을16) | 2019.01.11 | 근저당 | 이XX | 870,000,000원 | 말소기준등기 | 소멸 |
| 4(을18) | 2019.02.22 | 근저당 | 삼성물산(주) | 2,800,000,000원 | | 소멸 |
| 5(갑10) | 2019.03.27 | 임의경매 | 이XX | 청구금액:<br>606,695,890원 | 2019타경XXXXXX | 소멸 |
| 6(갑12) | 2019.04.04 | 압류 | 국민건강보험공단 | | | 소멸 |
| 7(갑14) | 2020.08.04 | 압류 | 국민건강보험공단 | | | 소멸 |
| 8(갑15) | 2020.08.10 | 압류 | 강남세무서장 | | | 소멸 |

현 전세권자 김○○은 선순위 전세권이지만 배당요구종기일 전에 배당요구를 하지 않았고, 경매신청도 하지 않았다. 경매 신청자는 2순위 근저당권자인 이○○이다. 따라서 이 물건은 낙찰자가 전세권자의 모든 보증금을 '인수'해야 하기 때문에 입찰할 수 없는 물건이다.

## 6) 담보가등기

가등기는 ① 소유권이전청구권가등기와 ② 담보가등기가 있는데, 담보가 되는 가등기일 경우에만 말소기준권리로 인정된다.

소유권이전청구권가등기는 매매예약의 성격으로, 타인의 부동산을 매입하기 전 그 소유권을 '소유권이전청구권가등기권자'인 자신에게만 이전해 주기로 약속하고 등기를 설정하는 개념이다. 예를 들어 필자의 친구가 토지를 보유하고 있는데, 필자가 그 부동산을 매수하기로 약속하고 계약금을 지급한 후 1년 뒤 매수 잔금 지급과 동시에 소유권이전을 청구하는 권리이나(동시이행). 따라서 선순위 '소유권이전청구권가등기'는 말소기준권리가 될 수 없다.

그러나 담보가등기는 부동산을 담보로 잡는 행위로서 근저당과 그 성격이 유사하며, 담보가등기권자가 경매를 신청하거나 법원에 채권신고(배당요구)를 한다면 말소기준권리가 된다. 가등기가 '소유권이전청구권가등기'인지 '담보가등기'인지는 법원에서 제공하는 '문건송달내역'을 살펴보면 된다.

📋 문건처리내역

| 접수일 | 접수내역 | 결과 |
|---|---|---|
| 2015.06.10 | 채권자 주○○○ ○○○○ 접수증명 | |
| 2015.06.10 | 채권자 주○○○ ○○○○ 송달장소 및 송달영수인 신고서 제출 | |
| 2015.06.16 | 채권자 주○○○ ○○○○ 보정서 제출 | |
| 2015.06.19 | 채권자 주○○○ ○○○○ 보정연기신청 제출 | |
| 2015.06.23 | 채무자겸소유자 석○○○○○○○(○○○○○○○○○○○) 열람 및 복사신청 제출 | |
| 2015.06.23 | 등기소 보○○○○ 등기필증 제출 | |
| 2015.06.25 | 채권자 주○○○ ○○○○ 보정서 제출 | |
| 2015.07.07 | 교부권자 국○○○○○○○ ○○○○○ 교부청구서 제출 | |
| 2015.07.10 | 집행관 김○○ 현황조사보고서 제출 | |
| 2015.07.10 | 감정인 삼○○○○○○○ 집행관 협조 및 평가서 제출기한 연장요청 제출 | |
| 2015.07.13 | 유치권자 김○○○○○○ 유치권신고 제출 | |
| 2015.07.20 | 가압류권자 윤○○ 채권계산서 제출 | |
| 2015.07.23 | 채권자 주○○○ ○○○○ 보정서 제출 | |
| 2015.08.03 | 압류권자 보○○ 교부청구서 제출 | |
| 2015.08.06 | 가등기권자 손○○ 채권계산서 제출 | |
| 2015.08.24 | 감정인 삼○○○○○○○ 감정평가서 제출 | |

법원사무관 등은 경매 부동산에 '소유권이전청구권가등기' 권리가 설

정되어 있다면 그 가등기권자에게 채권의 존재 여부와 원인, 금액을 기재하여 채권계산서를 제출하도록 최고(일정한 행위를 하도록 상대방에게 요구하는 의사의 통지)한다. 이때 가등기권자가 배당을 받기 위해 채권신고를 했다면 담보가등기이므로 말소기준권리이다. 단, 담보가등기권자는 배당요구종기일 전에 채권신고를 완료해야 한다.

### 7) 경매개시결정기입등기

경매개시결정기입등기는 항상 말소기준권리이지만, 다른 말소기준권리가 없는 경우에 해당된다.

## 2단계) 임차인(세입자) 권리분석

경매가 진행 중인 주택의 경우 그 부동산의 점유자는 채무자(소유자), 세입자(임차인), 제3자(채무자 겸 소유자의 가족 친인척) 등 총 3부류이다.

이때 채무자 겸 소유자가 점유할 경우 채무자는 인도명령(낙찰자가 낙찰대금을 모두 완납한 후 정당한 권리가 없는 점유자(대항력 없는 점유자 겸 채무자)가 주택 인도 및 반환을 거부할 경우 법원으로부터 강제집행권원을 확보하는 제도) 대상자로 말소기준권리만 찾으면 권리분석은 끝난다.

그러나 채무자가 아닌 세입자(임차인)가 거주하는 경우에는 상황이 달라진다. 세입자가 있는 경우에는 말소기준권리를 먼저 찾고, 그 세입자의 전입신고 날짜를 파악해야 한다. 만약 세입자의 전입신고가 말소기준권리보다 빠르면 그 세입자는 낙찰자에게 대항할 수 있고, 늦으면 그 세입자는 '인도명령' 대상자로 낙찰자에게 대항할 수 없다.

## 3단계) 서류 확인

권리분석시 많은 초보자들이 경매정보지에 분석되어 있는 내용만 보고 권리분석을 끝낸다. 그러나 이렇게 권리분석을 하게 되면 큰 낭패를 볼 수 있다. 정보지에서 공시하는 내용은 사람이 하는 일이기 때문에 오류나 오타 등 실수가 있을 수 있다. 따라서 관련 서류 하나하나를 직접 발급받아 분석하고 확인해야 한다.

먼저 대법원 등기소(www.iros.go.kr)에서 등기사항전부증명서를 발급받아 말소기준권리를 찾고, 정부24(www.gov.kr)에 접속하거나 가까운 주민센터에 방문해 건축물대장과 건물 현황도 및 평면도를 발급받아 건축물의 용도와 구조를 확인해야 한다. 간혹 경매정보지에는 주택으로 표기되어 있지만 건축물대장의 용도는 사무실이나 근린상가로 되어 있는 경우도 종종 있다. 그리고 건축물대장을 통해 위반건축물(불법 증축, 개조) 여부도 확인할 수 있다. 위반건축물이 있는 물건을 잘못 낙찰받으면 전 소유자(채무자)의 위반 부분을 낙찰자가 승계하므로 적발될 경우 원상복구시까지 이행강제금이 반복 부과된다. 또한 원상복구시 주택 면적이 감소(건축면적과 용적률)하여 수익성에 문제가 생길 수 있다. 마지막으로 전입세대 열람을 통해 점유자(세입자)의 전입일을 확인하여 대항력 유무를 확인하면 완벽하게 권리분석을 끝낼 수 있다.

## 실제 위반건축물 건축물대장

■ 건축물대장의 기재 및 관리 등에 관한 규칙 [별지 제5호서식]<개정 2017.1.20.>

### 집합건축물대장(전유부, 갑) 위반건축물

(2쪽 중 제1쪽)

| 고유번호 | 1130510100-3-0※※※※ | 민원24접수번호 | 20200731 - 73※※※※ | 명칭 | ※※※※ 빌 B동 | 호명칭 | 201 |
|---|---|---|---|---|---|---|---|
| 대지위치 | 서울특별시 강북구 미아동 | 지번 | 3※ 외 3필지 | 도로명주소 | 서울특별시 강북구 도봉로33길 ※ (미아동) | | |

| 전 유 부 분 | | | | | 소 유 자 현 황 | | | |
|---|---|---|---|---|---|---|---|---|
| 구분 | 층별 | ※구조 | 용도 | 면적(㎡) | 성명(명칭)<br>주민(법인)등록번호<br>(부동산등기용등록번호) | 주소 | 소유권<br>지분 | 변동일자<br>변동원인 |
| 부 | 2층 | 철근콘크리트구조 | 도시형생활주택(단지형다세대) | 46.92 | 김※※<br>770730-1****** | 서울특별시 강북구 도봉로33길<br>※ 비동 201호(미아동) ※ 빌 | 1/1 | 2017.07.24<br>소유권이전 |
| | - 이하여백 - | | | | - 이하여백 - | | | |
| | | | | | ※ 이 건축물대장은 현소유자만 표<br>시한 것입니다. | | | |

| 표 제 부 분 | | | | |
|---|---|---|---|---|
| 구분 | 층별 | 구조 | 용도 | 면적(㎡) |
| 주 | 각층 | 철근콘크리트구조 | 계단실 | 9.64 |
| | - 이하여백 - | | | |

이 등(초)본은 건축물대장의 원본 내용과 틀림없음을 증명합니다.

발급일자: 202 년 07월 31일

전 화: 02 - 901 - 6671

발급자: 부동산정보과

### 강북구청장

※ 경계벽이 없는 구분점포의 경우에는 전유부분 구조란에 경계벽이 없음을 기재합니다.

## 전입세대 열람 내역서

### 전입세대 열람 내역(동거인포함)

행정기관: 경기도 하남시 풍산동
신청주소: 서울특별시 노원구 중계로※※, 117동 101호 (중계동)

출력일시: 202 년 03월 09일 09:43:36
출력자: 강※※
페이지: 1

| 순번 | 세대주성명 | 전입일자 | 등록구분 | 최초전입자 | 전입일자 | 등록구분 | 동거인<br>수 | 동거인사항 | | | |
|---|---|---|---|---|---|---|---|---|---|---|---|
| | 주 소 | | | | | | | 순번 | 성명 | 전입일자 | 등록구분 |
| 1 | 서※※ | 2011-08-19 | 거주자 | 서※※ | 2011-08-19 | 거주자 | | | | | |
| | 서울특별시 노원구 중계로※※, 117동 101호 (중계동, ※※아파트) | | | | | | | | | | |

- 이하여백 -

## 권리분석시 검토서류

| 검토서류 | 확인할 수 있는 내용 |
|---|---|
| 등기사항전부증명서 | • 각 토지와 건물의 지번, 지목 및 기본사항<br>• 소유권에 관한 사항과 소유권 외에 관한 사항 |

| 건축물대장 | • 건축물의 지번, 행정구역<br>• 건축물의 면적, 구조, 용도, 가설건축물 여부<br>• 위반건축물 부분의 여부 |
|---|---|
| 토지대장 | • 토지의 소재지, 지번, 지목, 면적, 소유자 등 공유 여부,<br>  공유지분 및 공유자에 관한 사항<br>• 대지권 등기 여부, 대지권 비율 및 소유자에 관한 사항 등 |
| 토지이용계획확인원 | 해당 지역의 토지이용과 도시계획시설 결정 여부 및 규제<br>등에 관한 사항 |
| 전입세대 열람 | 해당 부동산에 전입되어 있는 점유자와 동거인에 관한<br>사항 |

# 3.
# 권리분석에
# 꼭 필요한 핵심 서류

경매에 앞서 권리분석을 제대로 하기 위해서는 경매 물건과 관련된 다양한 서류를 검토하고 분석해야 한다. 각각의 서류에 대해 알아보자.

1) 경매정보지

2) 등기사항전부증명서

3) 전입세대 열람 내역서

4) 매각물건명세서

5) 현황조사보고서

6) 감정평가서

7) 건축물대장

# 경매정보지(경매정보 사이트)

경매정보지를 통해 현재 진행되는 경매 물건과 그 물건에 대한 자세한 정보, 입찰기일, 권리분석 내용 및 각종 서류를 열람할 수 있다. 우리가 물건을 구매하기 위해 쇼핑 사이트에서 가성비가 좋은 물건을 찾는 것처럼 경매 물건 역시 경매정보지를 통해 다양한 부동산과 그 부동산에 대한 상세한 정보를 얻을 수 있다. 따라서 경매인이라면 경매정보지(경매정보 사이트) 가입은 필수다.

# 등기사항전부증명서

등기사항전부증명서는 사람으로 치면 주민등록등·초본과 같다. 그 부동산에 대한 생애 이력과 소유자 그리고 그 부동산에 설정된 하자 있는 권리들을 파악할 수 있다. 경매정보지를 통해 관심 물건을 찾았다면 대법원 등기소에서 등기사항전부증명서를 발급받아 접수일자에 따라 권리분석을 하고 말소기준권리를 찾아야 한다.

# 전입세대 열람

전입세대 열람 내역서는 경매가 진행되는 물건이라면 누구나 주민센터에서 발급받을 수 있다. 전입세대 열람을 통해 현재 누가 점유하고 있는지 그 점유자와 동거인 등을 파악할 수 있고, 점유자가 소유자인지 세입자인지 여부도 파악할 수 있다.

## 매각물건명세서

매각물건명세서는 법원 공무원이 해당 경매 사건에 대해 등기사항전부증명서, 현황조사보고서, 감정평가서 및 집행기록 등 공신력 있는 자료를 토대로 정리한 자료이다. 최선순위 말소기준권리와 세입자 신고가 있다면 그 신고내역을 자세히 정리하고 등기사항전부증명서에 공시되지 않는 특수한 신고내역과 주의사항 등을 기재한다.

매각물건명세서는 법원이 인증한 보증서와 같기 때문에 만약 그 자료에 흠결이 있다면 이를 믿고 입찰한 낙찰자는 그 흠결을 이유로 매각불허가(낙찰취소) 신청을 할 수 있다. 매각물건명세서는 보통 매각기일 1주일 전부터 공개되며, 경매일 하루 전이라도 그 내용이 변경될 수 있으니 입찰 직전에 반드시 확인해야 한다.

## 현황조사보고서

경매개시 결정이 내려지면 7~14일 이내에 담당 공무원이 경매 부동산의 현장조사를 실시한다. 집행관은 실제 경매 부동산에 방문하여 세대 열람을 하고 점유자를 대면한 후 그 진술내용을 자세히 기재해 현황조사보고서를 작성한다. 따라서 해당 자료를 통해 현재 점유자가 누구인지, 전입세대 열람 내역상 점유자와 실제 점유자가 일치하는지, 그 점유자가 현재 점유를 유지하고 있는지 알 수 있다. 보통 현황조사보고서는 매각기일 2주일 전부터 감정평가서와 함께 법원 경매 사이트에 공개된다.

## 감정평가서

감정평가서는 경매 접수와 동시에 법원의 요청에 의해 민간 감정평가회사에서 경매 부동산에 대한 시세조사를 실시하고 그 내용을 작성한 보고서이다. 감정평가서를 통해 건물 구조, 이용 현황, 부대설비, 주차여건 등 해당 경매 부동산에 대한 스펙을 한눈에 볼 수 있다. 이때 감정평가금액은 대출에 대한 기준이 되기도 한다. 하지만 실제 거래가격과 편차가 클 수 있으니 참고용으로만 보는 것이 좋다.

## 건축물대장

건축물대장은 해당 건물에 대한 상세내역을 담고 있다. 건축물 현황과 소유자 현황 그리고 건축물 용도, 구조, 면적, 착공일, 사용승인일, 건폐율과 용적률 등 그 건축물이 가지고 있는 특성과 기능을 한눈에 볼 수 있는 자료이다. 또한 건축물대장을 통해 위반건축물 여부를 확인할 수 있는데, 만약 위반건축물이 있다면 해당 지자체에 자세히 문의하기 바란다.

# 4. 등기부에서 말소기준권리 찾기

모든 게임에는 승자와 패자가 있다. 그러나 경매는 이겨놓고 싸우는 게임이다. 경매라는 게임에서는 상대방의 패를 볼 수 있기 때문에 위험한 상대를 만났을 때는 아예 게임을 시작하지 않으면 된다. 따라서 상대의 패를 제대로 읽을 수만 있다면 절대 실패할 일이 없다.

부동산 경매에서는 등기사항전부증명서를 통해 상대방의 패를 정확히 알 수 있다. 이를 '권리분석'이라고 하는데, 이제 보다 심도있게 등기부 (등기사항전부증명서, 이하 '등기부')로 권리분석하는 방법을 알아보자.

## 권리분석은 경매의 시작

언젠가 입찰을 위해 법원에 간 적이 있다. 그날도 역시 사람들로 붐비는 광경은 여느 때나 다름없었다. 명함을 들고 낙찰자를 쫓아다니는 대출 브로커들부터, 이제 막 첫 입찰을 하는지 여기저기 서성거리며 법원을 오가는 사람들까지 다양한 사람들로 넘쳐났다. 필자는 입찰을 준비하며 뒷자리에 앉아 그날 진행되는 모든 경매 사건을 프린트하여 살펴보고 있었다.

　그런데 법원에 들어설 때부터 불안한 눈빛으로 번잡하게 오가던 한 청년이 있었는데, 그 청년은 입찰하면 안 되는 물건(권리상 하자 있는 물건)에 단독 입찰하여 낙찰 영수증을 받고 입가에 살며시 미소를 띠며 법원 밖으로 당당히 나가는 것이었다. 나는 고개를 갸우뚱하며 경매정보지를 다시 살펴보았다. 분명 들어가면 안 되는 물건이었다. 그리고 몇 주 뒤 경매정보지를 확인해 보니 그 물건은 당연히 대금이 미납된 채로 남아 있었다. 아마도 그 청년은 책이나 유튜브로 공부한 초보자라는 예감이 들었다.

　이처럼 경매 입문자들의 경우 경매를 너무 쉽게 보고 접근한 나머지 실패하는 사례가 생각보다 많다. 심지어 부동산 전문 자격증이 있는 전문가조차도 권리분석에 대해 그다지 중요하게 생각하지 않는 경우가 많다. 하지만 권리분석은 경매의 초석을 다지는 것이다. 경매정보지에 의존하기보다는 등기부를 통한 권리분석을 제대로 공부하여 습관처럼 몸에 길들여야 한다. 권리분석을 통해 말소기준권리를 제대로 찾을 수 있다면 경매에서 실패를 하거나 부동산에 설정된 하자 있는 권리로 손해보는 일은 절대 없을 것이다.

# 등기부 제대로 읽기

등기부에서 가장 먼저 확인해야 하는 것은 우리가 '인수'할 것이 있는지 여부를 찾아내는 것이다. 등기부에서는 그 물건의 역사와 생애 이력을 볼 수 있다. 또한 등기부를 계속 분석하다 보면 사실관계를 유추할 수 있는 능력을 기를 수 있고, 그 부동산을 소유한 채무자가 어떤 상황에 놓여있는지 짐작할 수 있다.

등기부는 크게 '건물'과 '집합건물'로 나뉘어진다. 여기서 단독주택, 근린시설, 다중주택, 공장, 창고 등의 건물등기부는 토지(땅)와 건물(건축물)이 각각의 등기부로 구분되어 기재된다. 집합건물을 제외한 모든 건물들이 여기에 해당된다고 보면 된다. 그리고 아파트, 오피스텔, 연립주택, 단지형 다세대주택 등의 집합건물등기부는 내 땅과 남의 땅의 경계가 명확히 정해지는 게 아니라 하나의 대지 위에 여러 세대가 모여 사는 형태로, 땅은 하나인데 건물주들이 수십에서 많게는 수천 명이 있기도 하다.

모든 등기부는 표제부, 갑구, 을구로 나뉘는데, 표제부는 부동산의 소재지와 건물 명칭, 건물 내역, 면적, 지목 등이 기재되며, 갑구는 소유권과 그 소유권을 묶거나 행위를 제한하기 위한 권리들이 기재된다(소유자에 대한 사항, 압류, 가압류, 가처분, 가등기, 경매개시결정기입등기 등). 갑구에서는 최초 소유자(소유권보존등기)와 소유권 변동에 관한 사항(현재 소유자)을 알 수 있고, 누가 언제 경매를 신청했는지를 파악할 수 있다. 을구는 소유권 이외의 권리사항으로, 해당 소유자가 소유한 부동산을 담보로 잡는 권리들이 접수순서대로 기재된다(저당, 근저당, 전세권, 지역권, 지상권, 임차권 등).

등기부를 열람했는데, 만약 을구가 없다면 을구에 설정행위 및 기재사항
이 없는 것이다.

## 등기사항전부증명서(말소사항 포함)
### - 건물 -

고유번호 1101-2018-※※※※

[건물] 서울특별시 서초구 서초동 ※※-1

| 【 표 제 부 】 | ( 건물의 표시 ) | | | |
|---|---|---|---|---|
| 표시번호 | 접 수 | 소재지번 및 건물번호 | 건 물 내 역 | 등기원인 및 기타사항 |
| 1 | 2018년4월19일 | 서울특별시 서초구 서초동 ※※-1 [도로명주소] 서울특별시 서초구 서초대로 ※※ | 시멘트블럭조 시멘트기와지붕 단층주택 85㎡ | |

| 【 갑 구 】 | ( 소유권에 관한 사항 ) | | | |
|---|---|---|---|---|
| 순위번호 | 등 기 목 적 | 접 수 | 등 기 원 인 | 권 리 자 및 기 타 사 항 |
| 1 | 소유권보존 | 2018년4월19일 제549호 | | 소유자 김※※ 600104-******* 서울특별시 서초구 서초대로46길※※, 101동 201호(서초동, ※※아파트) |

| 【 을 구 】 | ( 소유권 이외의 권리에 관한 사항 ) | | | |
|---|---|---|---|---|
| 순위번호 | 등 기 목 적 | 접 수 | 등 기 원 인 | 권 리 자 및 기 타 사 항 |
| 1 | 근저당권설정 | 2018년4월19일 제550호 | 2018년4월19일 설정계약 | 채권최고액 금60,000,000원 채무자 김※※ 서울특별시 서초구 서초대로46길※※, 101동 201호(서초동, ※※아파트) 근저당권자 이※※ 750614-******* 서울특별시 종로구 창덕궁길 ※※(계동) 공동담보 토지 서울특별시 서초구 서초동 ※※-1 |

-- 이 하 여 백 --

'표제부'에서는 부동산의 소재지와 건물의 표시를 볼 수 있고, '갑구'
에서는 소유자를 볼 수 있으며, '을구'에서는 그 부동산에 담보로 설정되
어 있는 근저당권을 파악할 수 있다. 위 등기부의 경우 소유자 김○○이
근저당권자 이○○에게 돈을 갚지 않는다면 이○○은 법원의 힘을 빌려
임의경매를 진행할 수 있다.

또한 등기부의 마지막 페이지에는 '주요 등기사항 요약'이 정리되어 있는데, 이를 통해 해당 부동산에 대해 소유자와 말소된 권리를 제외한 살아 있는 권리 등의 말소기준권리를 한눈에 쉽게 파악할 수 있다.

여기서 주의해야 할 점은 경매정보지에 올라와 있는 등기부는 과거(3~6개월 전)의 등기부를 요약정리한 것이기 때문에 변경·추가·말소되는 사항을 확인하기 어렵다는 점이다. 따라서 경매에 입찰을 할 때에는 하루 전날이나 당일 아침에 대법원 등기소(www.iros.go.kr)를 통해 등기부를 열람 또는 발급받아 최종적으로 확인하는 것이 필요하다.

**Case 1** 등기부를 통해 소유자와 말소기준권리 찾기

## 주요 등기사항 요약 (참고용)

[ 주 의 사 항 ]

본 주요 등기사항 요약은 증명서상에 말소되지 않은 사항을 간략히 요약한 것으로 증명서로서의 기능을 제공하지 않습니다.
실제 권리사항 파악을 위해서는 발급된 증명서를 필히 확인하시기 바랍니다.

고유번호 1356-2003-01※※※

[집합건물] 경기도 성남시 분당구 정자동※※※ ※※※※쉐트빌 제21층 제※※※-2103호

### 1. 소유지분현황 ( 갑구 )

| 등기명의인 | (주민)등록번호 | 최종지분 | 주　　　소 | 순위번호 |
|---|---|---|---|---|
| 김※※※ (소유자) | 380102-******* | 단독소유 | 경기도 성남시 분당구 정자동※※※ ※※※※쉐트빌 ※※※-2103 | 2 |

### 2. 소유지분을 제외한 소유권에 관한 사항 ( 갑구 )

| 순위번호 | 등기목적 | 접수정보 | 주요등기사항 | 대상소유자 |
|---|---|---|---|---|
| 25 | 압류 | 2017년4월11일 제16597호 | 권리자　성남시분당구 | 김※※※ |
| 28 | 압류 | 2019년9월19일 제33196호 | 권리자　국민건강보험공단 | 김※※※ |
| 29 | 임의경매개시결정 | 2019년12월30일 제51510호 | 채권자　송파농업협동조합 | 김※※※ |

### 3. (근)저당권 및 전세권 등 ( 을구 )

| 순위번호 | 등기목적 | 접수정보 | 주요등기사항 | 대상소유자 |
|---|---|---|---|---|
| 8 | 근저당권설정 | 2016년4월28일 제23427호 | 채권최고액　금540,000,000원 근저당권자　송파농업협동조합 | 김※※※ |
| 10 | 근저당권설정 | 2019년6월27일 제21441호 | 채권최고액　금67,000,000원 근저당권자　주식회사※※ 대부 | 김※※※ |

• 소유자 : 김○○

• 말소기준권리 : 근저당 2016년 4월 28일 송파농협

• 경매개시 결정 : 임의경매 2019년 12월 30일 송파농협

···▶ 말소기준권리는 접수날짜가 가장 빠른 2016년 4월 28일 송파농협

   이며, 이보다 시간순으로 늦은 모든 권리는 경매로 인해 소멸한다.

**Case 2** 등기부를 통해 소유자와 말소기준권리 찾기

## 주요 등기사항 요약 (참고용)

[ 주 의 사 항 ]

본 주요 등기사항 요약은 증명서상에 말소되지 않은 사항을 간략히 요약한 것으로 증명서로서의 기능을 제공하지 않습니다.
실제 권리사항 파악을 위해서는 발급된 증명서를 필히 확인하시기 바랍니다.

고유번호 1358-2006-01◯◯◯

[집합건물] 경기도 수원시 권선구 답동 8◯◯◯ ◯◯◯아파트 제102동 제6층 제601호

1. 소유지분현황 ( 갑구 )

| 등기명의인 | (주민)등록번호 | 최종지분 | 주 소 | 순위번호 |
|---|---|---|---|---|
| 한◯◯◯ (소유자) | 490215-******* | 단독소유 | 경기도 수원시 권선구 답동로3번길 ◯◯◯, 102동 601호(답동,◯◯◯아파트) | 8 |

2. 소유지분을 제외한 소유권에 관한 사항 ( 갑구 )

| 순위번호 | 등기목적 | 접수정보 | 주요등기사항 | 대상소유자 |
|---|---|---|---|---|
| 11 | 압류 | 2020년1월16일 제6143호 | 권리자 국민건강보험공단 | 한◯◯◯ |
| 12 | 임의경매개시결정 | 2020년4월27일 제53818호 | 채권자 주식회사 오케이저축은행 | 한◯◯◯ |

3. (근)저당권 및 전세권 등 ( 을구 )

| 순위번호 | 등기목적 | 접수정보 | 주요등기사항 | 대상소유자 |
|---|---|---|---|---|
| 8 | 근저당권설정 | 2018년6월19일 제57948호 | 채권최고액 금100,800,000원 근저당권자 주식회사오케이저축은행 | 한◯◯◯ |
| 9 | 근저당권설정 | 2018년6월19일 제57949호 | 채권최고액 금98,400,000원 근저당권자 주식회사오케이저축은행 | 한◯◯◯ |

• 소유자 : 한○○

• 말소기준권리 : 근저당 2018년 6월 19일 오케이저축은행

• 경매개시 결정 : 임의경매 2020년 4월 27일 오케이저축은행

⋯▶ 말소기준권리는 접수날짜가 가장 빠른 2018년 6월 19일 오케이저
축은행이며, 이보다 시간순으로 늦은 모든 권리는 경매로 인해 소
멸한다.

**Case 3** 등기부를 통해 소유자와 말소기준권리 찾기

## 주요 등기사항 요약 (참고용)

고유번호 1358-2017-01░░░

[집합건물] 경기도 수원시 영통구 망포동 ░░░ ░░░░░영통 제104동 제2층 제203호

**1. 소유지분현황 ( 갑구 )**

| 등기명의인 | (주민)등록번호 | 최종지분 | 주　　　　　소 | 순위번호 |
|---|---|---|---|---|
| 허░░(소유자) | 770220-******* | 단독소유 | 경기도 수원시 영통구 덕영대로 ░░░░░, 104동 203호 (망포동, ░░░░░░영통) | 2 |

**2. 소유지분을 제외한 소유권에 관한 사항 ( 갑구 )**

| 순위번호 | 등기목적 | 접수정보 | 주요등기사항 | 대상소유자 |
|---|---|---|---|---|
| 6 | 가압류 | 2019년1월18일 제5674호 | 청구금액　금320,000,000 원 채권자　삼성디스플레이 주식회사 | 허░░ |
| 7 | 강제경매개시결정 | 2019년12월19일 제124902호 | 채권자　삼성디스플레이주식회사 | 허░░ |
| 8 | 가압류 | 2020년2월14일 제19510호 | 청구금액　금400,000,000 원 채권자　삼성디스플레이 주식회사 | 허░░ |

**3. (근)저당권 및 전세권 등 ( 을구 )**

| 순위번호 | 등기목적 | 접수정보 | 주요등기사항 | 대상소유자 |
|---|---|---|---|---|
| 1 | 근저당권설정 | 2017년12월12일 제121521호 | 채권최고액　금220,000,000원 근저당권자　주식회사우리은행 | 허░░ |

• 소유자 : 허○○

• 말소기준권리 : 근저당 2017년 12월 12일 우리은행

• 경매개시 결정 : 강제경매 2019년 12월 19일 삼성디스플레이

⋯▶ 이 사건의 경매 신청자는 '갑구'의 가압류권자인 삼성디스플레이이
며, 말소기준권리는 2017년 12월 12일 우리은행이다. 따라서 말소
기준권리보다 시간순으로 늦은 모든 권리는 소멸한다.

# 건물등기부 외에 토지등기부도 꼭 확인해야 한다

초보자의 경우 집합건물이 '대지권 없음' 또는 '대지권 미등기이나 감정가에 포함'으로 표기되어 있는 경우 건물등기부만 확인하고 입찰을 준비하는 경우가 종종 있다. 하지만 반드시 토지등기부와 건물등기부 모두를 발급해 확인하는 걸 추천한다. 간혹 토지 부분에 별도로 또는 건물 부분에 별도로 가처분, 가등기, 가압류 등기가 되어 있을 수 있으니 함께 확인하는 습관을 기르도록 하자.

**Case** 대지권 등기가 되어 있지 않은 경우

| **2019타경3**⬜⬜ | | ● 인천지방법원 부천지원 ● 매각기일 : 2020.10.08(木) (10:00) ● 경매 8계 (전화:032-320-⬜⬜) | | | | | | |
|---|---|---|---|---|---|---|---|---|
| 소 재 지 | 경기도 부천시 송내동 ⬜.⬜ 아파트 5층 505호 도로명검색 □ 지도 □ 지도 | | | | | | | |
| 새 주 소 | 경기도 부천시 중동로71번길⬜.⬜ 아파트 5층 505호 | | | | | | | |
| 물건종별 | 아파트 | 감 정 가 | 276,000,000원 | | 오늘조회: 1 2주누적: 24 2주평균: 2 조회동향 | | | |
| 대 지 권 | 미등기감정가격포함 | 최 저 가 | (100%) 276,000,000원 | 구분 | 입찰기일 | 최저매각가격 | | 결과 |
| 건물면적 | 69.66㎡(21.072평) | 보 증 금 | (10%) 27,600,000원 | 1차 | 2020-10-08 | 276,000,000원 | | |
| 매각물건 | 토지·건물 일괄매각 | 소 유 자 | 안⬜⬜ | | 낙찰 : 368,999,999원 (133.7%) | | | |
| 개시결정 | 2019-08-02 | 채 무 자 | 안⬜⬜ | | (입찰10명,낙찰:김⬜⬜ / 차순위금액 350,150,000원) | | | |
| 사 건 명 | 임의경매 | 채 권 자 | 조⬜⬜ | | 매각결정기일 : 2020.10.15 - 매각허가결정 | | | |
| | | | | | 대금지급기한 : 2020.11.20 | | | |

이 아파트는 집합건물로서 원칙상 하나의 등기부에 건물에 대한 소유권과 토지 지분에 대한 등기가 공시되어야 하지만 어떤 사정 때문인지 대지권 등기가 되어 있지 않고 토지등기부가 따로 존재했다. 토지등기부

는 과다등기(명의인이 100명을 초과하는 등기부로서 등기내용이 너무 많아 전산발급이 어려우며, 발급을 위해서는 등기소에 직접 방문해야 한다) 상태여서 별도로 발급받아야 했다. 토지등기부를 통해서는 건물 소유자인 안○○이 '송내동 ***번 필지'에 토지 지분을 확보하고 있는지와 안○○의 토시 지분에 하자 있는 등기가 별도로 없는지 확인해야 한다.

**기타사항**　　☞ 토지과다등기
　　　　　　　☞ 토지등기부상 최선순위설정일자: 2001.08.17 근저당권

이 물건은 토지등기부 발급 결과 안○○ 토지 지분에 대해 건물 근저당 설정자가 토지 지분도 함께 근저당을 설정했으며, 권리분석상 하자 없는 물건이어서 필자도 입찰에 도전했으나 패찰하였다(해당 아파트는 재건축 진행 예정인 아파트였다).

이처럼 등기사항전부증명서를 잘 파악하여 물건을 정확히 볼 줄 안다면 경매는 이겨놓고 승부하는 게임이다.

# 5

# 등기부에서 권리순위 파악하기

앞에서 등기부를 통해 이겨놓고 싸우는 방법을 배웠다. 그럼, 이제 등기부에서 좀 더 세밀하게 권리순위를 파악하는 방법을 살펴보자.

## '동순별접'으로 권리순위를 파악하라

'동순별접'이라는 말은 사자성어나 전문용어가 아니고, 부동산업계에서 등기부를 신속하고 정확하게 보기 위해 일반적으로 사용하는 용어이다. 등기부를 통해 신속하게 권리분석을 하고자 한다면 이 용어는 외워두는 것이 좋다.

'동, 순, 별, 접'이란 '같은 구에서는 순위번호로 우선순위를 정하고, 다른 구에서는 접수일자(접수정보)로 우선순위를 정한다'는 말이다. 즉, 권리분석을 할 때에는 등기부의 갑구와 을구를 통해 소유자와 말소기준권리를 찾게 되는데, 가압류와 근저당이 '갑구'와 '을구'에 각각 설정되었다면 또는 서로 다른 권리가 '갑구'와 '을구'에서 따로따로 경합하고 있다면 어떻게 순위를 파악할 것인지 문제가 된다. 이 경우 별구(각각의 갑구와 을구)에서는 접수일자(접수정보)로 순위를 파악하면 된다. 그리고 동구(예를 들어 갑구)에 가압류와 압류가 설정되었다면 문제는 더 간단해진다. 등기부상 순위번호에 따라 분석하면 끝이기 때문이다. 이처럼 같은 구에서는 순위번호로, 다른 구에서는 접수일자(접수정보)로 권리순위를 파악하면 되는 것이다.

**Case** 동순별접으로 말소기준권리 찾기

## 주요 등기사항 요약 (참고용)

[ 주 의 사 항 ]

본 주요 등기사항 요약은 증명서상에 말소되지 않은 사항을 간략히 요약한 것으로 증명서로서의 기능을 제공하지 않습니다.
실제 권리사항 파악을 위해서는 발급된 증명서를 필히 확인하시기 바랍니다.

고유번호 1811-2009-01◯◯◯

[집합건물] 부산광역시 해운대구 재송동 1◯◯외 1필지 ◯◯◯◯◯◯◯◯ 제105동 제12층 제1205호

### 1. 소유지분현황 ( 갑구 )

| 등기명의인 | (주민)등록번호 | 최종지분 | 주 소 | 순위번호 |
|---|---|---|---|---|
| 오◯◯◯(소유자) | 820330-******* | 단독소유 | 부산광역시 해운대구 해운대로61번길 ◯◯,105동1205호(재송동, ◯◯◯◯◯.) | 6 |

### 2. 소유지분을 제외한 소유권에 관한 사항 ( 갑구 )

| 순위번호 | 등기목적 | 접수정보 | 주요등기사항 | 대상소유자 |
|---|---|---|---|---|
| 7 | 가압류 | 2019년2월12일 제8109호 | 청구금액 금4,840,000 원 채권자 울산신용보증재단 | 오◯◯◯ |
| 8 | 가압류 | 2019년2월20일 제10139호 | 청구금액 금30,691,379 원 채권자 삼성카드 주식회사 | 오◯◯◯ |
| 9 | 가압류 | 2019년2월27일 제11599호 | 청구금액 금14,950,173 원 채권자 롯데카드 주식회사 | 오◯◯◯ |
| 10 | 가압류 | 2019년4월4일 제20522호 | 청구금액 금5,050,634 원 채권자 농협은행 주식회사 | 오◯◯◯ |
| 11 | 임의경매개시결정 | 2019년5월16일 제30562호 | 채권자 주식회사 케이저축은행 | 오◯◯◯ |

### 3. (근)저당권 및 전세권 등 ( 을구 )

| 순위번호 | 등기목적 | 접수정보 | 주요등기사항 | 대상소유자 |
|---|---|---|---|---|
| 18 | 근저당권설정 | 2017년11월10일<br>제94584호 | 채권최고액 금237,600,000원<br>근저당권자 주식회사페퍼저축은행 | 오※※※ |
| 19 | 근저당권설정 | 2017년11월10일<br>제94585호 | 채권최고액 금118,800,000원<br>근저당권자 주식회사페퍼저축은행 | 오※※※ |

이 경매 물건의 등기부를 보면 소유자는 오○○이고, 갑구와 을구에 각각 가압류와 근저당이 설정되어 있다. 이 경우 갑구와 을구의 순위번호를 보면 당연히 가압류보다 근저당이 후순위처럼 보여진다. 그러나 등기의 효력발생시기는 등기관이 등기를 마친 경우 그 등기는 접수한 때부터 효력이 발생하기 때문에 모든 등기부에 나타나 있는 권리는 접수일자(접수정보)에 따라 그 순위를 정해야 한다. 따라서 위 접수일자(접수정보)를 보면 2017년 11월 10일 접수된 페퍼저축은행의 근저당이 가장 빠르며, 이것이 말소기준권리가 된다. 그러므로 페퍼저축은행의 근저당보다 접수번호 순위가 늦은 권리는 모두 소멸(말소)한다.

하지만 같은 구에서 날짜가 같은 권리가 경합하고 있다면 어떻게 될까? 위 경매 물건(을구)을 보면 같은 날에 근저당이 설정되었다. 이처럼 같은 구에서 경합이 일어날 경우에는 날짜 하단에 기재되어 있는 일련번호(제94584호, 제94585호) 중에서 빠른 순으로 정하거나 순위번호로 그 권리의 순위를 파악하면 된다.

따라서 이 경매 사건의 주요 등기사항 요약을 살펴보면 가압류와 근저당권 모두 말소기준권리가 될 수 있는데, 그중 접수번호(제94584호)가 가장 빠른 2017년 11월 10일 근저당이 말소기준권리가 된다.

경매로 진행되는 모든 부동산은 갑구와 을구에 하자가 존재한다. 따라서 권리분석시 접수번호로 순위를 나열하여 말소기준권리를 찾아야 한다. 물론 갑구에 하자가 전혀 없고 을구에 설정된 근저당에 의해 경매가 진행 중이라면 등기부 왼쪽의 순위번호를 보면 되지만, 그렇다 하더라도 접수번호로 순위를 나열하는 습관을 들여야 한다.

## 권리순위 파악하기

다음 등기사항 요약을 통해 권리순위를 찾아보자. 먼저 소유자를 찾고, 접수번호(접수정보) 순서대로 권리순위를 파악하면 된다.

**Case** 채권자 2명이 중복경매를 넣은 경우

### 주요 등기사항 요약 (참고용)

────── [ 주 의 사 항 ] ──────

본 주요 등기사항 요약은 증명서상에 말소되지 않은 사항을 간략히 요약한 것으로 증명서로서의 기능을 제공하지 않습니다.
실제 권리사항 파악을 위해서는 발급된 증명서를 필히 확인하시기 바랍니다.

고유번호 2401-2011-00⬚⬚⬚

[집합건물] 서울특별시 성동구 성수동1가 ⬚⬚⬚⬚⬚⬚ ⬚⬚⬚⬚⬚⬚⬚ 제19층 제101-1902호

**1. 소유지분현황 ( 갑구 )**

| 등기명의인 | (주민)등록번호 | 최종지분 | 주　　소 | 순위번호 |
|---|---|---|---|---|
| 오⬚⬚ (소유자) | 720417-******* | 단독소유 | 서울특별시 성동구 서울숲2길 ⬚⬚⬚,101동 1902호(성수동1가, ⬚⬚⬚⬚⬚⬚⬚) | 2 |

**2. 소유지분을 제외한 소유권에 관한 사항 ( 갑구 )**

| 순위번호 | 등기목적 | 접수정보 | 주요등기사항 | 대상소유자 |
|---|---|---|---|---|
| 10 | 가압류 | 2019년10월30일 제162830호 | 추징보전액　금2,411,785,893원 권리자　국⬚⬚ | 오⬚⬚ |
| 11 | 임의경매개시결정 | 2020년2월21일 제32404호 | 채권자　이⬚⬚ | 오⬚⬚ |
| 12 | 임의경매개시결정 | 2020년4월9일 제64764호 | 채권자　주식회사 우리은행 | 오⬚⬚ |

**3. (근)저당권 및 전세권 등 ( 을구 )**

| 순위번호 | 등기목적 | 접수정보 | 주요등기사항 | | 대상소유자 |
|---|---|---|---|---|---|
| 1 | 근저당권설정 | 2011년12월15일<br>제71797호 | 채권최고액 | 금1,904,400,000원 | 오▧▧ |
| | | | 근저당권자 | 주식회사우리은행 | |
| 4 | 근저당권설정 | 2018년12월31일<br>제201784호 | 채권최고액 | 금720,000,000원 | 오▧▧ |
| | | | 근저당권자 | 김▧▧▧ | |
| 5 | 근저당권설정 | 2019년6월3일<br>제82351호 | 채권최고액 | 금600,000,000원 | 오▧▧ |
| | | | 근저당권자 | 이▧▧ | |

- 소유자 : 오○○

- 1순위 : 근저당 2011년 12월 15일 채권자 우리은행

- 2순위 : 근저당 2018년 12월 31일 채권자 김○○

- 3순위 : 근저당 2019년 6월 3일 채권자 이○○

- 4순위 : 가압류 2019년 10월 30일 채권자 국○

- 5순위 : 임의경매 2020년 2월 21일 채권자 이○○

- 6순위 : 임의경매 2020년 4월 9일 채권자 우리은행

이 경매 사건은 중복경매 사건으로, 근저당권자 이○○과 우리은행이 임의경매를 신청한 것이다. 채권자 2명이 임의경매를 넣은 이유는 경매 배당시 '무잉여'(경매 신청자가 배당을 받지 못하는 경우)가 되면 경매가 취소되기 때문이다. 따라서 경매 취소를 방지하고 경매를 속행하기 위해 1순위 채권자 우리은행이 임의경매를 추가로 넣은 사건이다.

# 법원이 인증한 보증서, 매각물건명세서

대한민국 법원에서 권리분석 서비스를 제공하고 있다면 어떨까? 그것도 그냥 제공하는 것이 아니라 보증까지 해준다면 말이다. 지금부터 법원이 인증하는 보증서인 '매각물건명세서'에 대해 자세히 알아보자.

## 매각물건명세서는 법원이 인증한 보증서

매각물건명세서는 법원이 인정한 공신력 있는 자료이다. 만약 법원의 실수로 착오에 의한 기재 오류가 있다면 그것을 신뢰하고 낙찰받은 낙찰자는 매각불허가 신청을 할 수 있다. 일례로 2014년 서울의 한 다세대 주택의 경우 임차인 박 모 씨의 전입일이 2012년 12월로 표기되어 있어야 하는데 매각물건명세서에는 2010년 12월로 잘못 표기되어 있어, 임차인의 대항력 여부에 중대한 영향을 미쳤다고 판단하여 법원에서는 낙찰자의 신청에 의해 매각불허가를 결정한 사례가 있다. 그만큼 매각물건명세서는 공신력 있는 자료이며, 법원에서 인증한 보증서라고 볼 수 있다.

매각물건명세서에는 권리분석을 할 때 꼭 필요한 모든 정보가 공시되어 있는 만큼 입찰 전 필수적으로 확인해야 한다. 그런데 대부분의 경매 투자자들은 보기 편하고 한 번에 여러 자료를 확인할 수 있다는 이유로 경매정보 사이트(유료)에서 제공하는 매각물건명세서를 보고 입찰을 진행하는 경우가 많다. 하지만 등기사항전부증명서와 마찬가지로 매각물건명세서도 경매 진행 중에 새로운 권리가 추가되거나 권리변동 사항이

### 매각물건명세서

| ① 사건 | 2020타경○○○ 부동산임의경매 2020타경○○○ (중복) | | | 매각 물건번호 | 1 | 작성 일자 | 2020.10.21 | 담임법관 (사법보좌관) | 노×○○ |
|---|---|---|---|---|---|---|---|---|---|
| 부동산 및 감정평가액 최저매각가격의 표시 | 별지기재와 같음 | | | 최선순위 설정 | | 2019. 4. 1. 근저당권 | | 배당요구종기 | 2020.03.24 |

부동산의 점유자와 점유의 권원, 점유할 수 있는 기간, 차임 또는 보증금에 관한 관계인의 진술 및 임차인이 있는 경우 배당요구 여부와 그 일자, 전입신고일자 또는 사업자등록신청일자와 확정일자의 유무와 그 일자

| 점유자 성 명 | 점유 부분 | 정보출처 구 분 | 점유의 권 원 | 임대차기간 (점유기간) | 보증금 | 차임 | 전입신고 일자, 사업자등록 신청일자 | 확정일자 | 배당 요구여부 (배당요구일자) |
|---|---|---|---|---|---|---|---|---|---|
| ② 오×○○ | 건물 전부 | 현황조사 | 주거 임차인 | | | | 2019.03.22 | | |
| | 건물 전부 | 권리신고 | 주거 임차인 | 2019.3.22.~ 2021.3.22. | 160,000,000 | | 2019.3.22. | 2019.3.5. | 2020.02.21 |

〈비고〉

※ 최선순위 설정일자보다 대항요건을 먼저 갖춘 주택·상가건물 임차인의 임차보증금은 매수인에게 인수되는 경우가 발생 할 수 있고, 대항력과 우선변제권이 있는 주택·상가건물 임차인이 배당요구를 하였으나 보증금 전액에 관하여 배당을 받지 아니한 경우에는 배당받지 못한 잔액이 매수인에게 인수되게 됨을 주의하시기 바랍니다.

등기된 부동산에 관한 권리 또는 가처분으로 매각으로 그 효력이 소멸되지 아니하는 것

③

매각에 따라 설정된 것으로 보는 지상권의 개요

비고란

주1 : 매각목적물에서 제외되는 미등기건물 등이 있을 경우에는 그 취지를 명확히 기재한다.
  2 : 매각으로 소멸되는 가등기담보권, 가압류, 전세권의 등기일자가 최선순위 저당권등기일자보다 빠른 경우에는 그 등기일자를 기재한다.

발생하면 법원에서는 그 내용을 수정 및 보완하여 법원경매정보 사이트에 공시하지만, 사설경매정보지는 직원이 법원에서 제공하는 매각물건명세서를 복사해 공시하기 때문에 매각물건명세서의 권리변동 사항을 실시간으로 업데이트하지 못한다. 따라서 사설경매정보지를 보고 입찰했다가 권리변동이 생긴 사실을 몰랐다면 낙찰 부동산에 대해 매각불허가 신청을 할 수 없다. 매각물건명세서는 입찰 당일에 입찰법원에서 PC로 열람이 가능하니 반드시 확인하고 입찰에 임해야 한다.

## 매각물건명세서 보는 법

| 사 건 | 2020타경XX 부동산임의경매<br>2020타경XXX(중복) | | 매각<br>물건번호 | 1 | 작성<br>일자 | 2020.10.21 | 담임법관<br>(사법보좌관) | 노XX |
|---|---|---|---|---|---|---|---|---|
| 부동산 및 감정평가액<br>최저매각가격의 표시 | 별지기재와 같음 | | 최선순위<br>설정 | | | 2019. 4. 1. 근저당권 | 배당요구종기 | 2020.03.24 |
| 부동산의 점유자와 점유의 권원, 점유할 수 있는 기간, 차임 또는 보증금에 관한 관계인의 진술 및 임차인이 있는 경우 배당요구 여부와 그 일자, 전입신고일자 또는 사업자등록신청일자와 확정일자의 유무와 그 일자 | | | | | | | | |

1번 박스 부분에는 '경매 사건'에 대한 기본정보가 공시되고 있다. 사건번호와 최선순위 설정 '말소기준권리(근저당)'를 확인할 수 있다. 또 배당요구종기일을 파악해 임차인이 배당요구종기일 전에 배당요구를 했는지 여부를 확인할 수 있다(대항력 있는 선순위 임차인의 경우 종종 배당요구종기일이 지나고 나서 배당요구를 하는 사례가 있으니 주의하자).

| 점유자<br>성 명 | 점유<br>부분 | 정보출처<br>구 분 | 점유의<br>권 원 | 임대차기간<br>(점유기간) | 보 증 금 | 차 임 | 전입신고<br>일자,<br>사업자등록<br>신청일자 | 확정일자 | 배당<br>요구여부<br>(배당요구일자) |
|---|---|---|---|---|---|---|---|---|---|
| 오×× | 건물<br>전부 | 현황조사 | 주거<br>임차인 | | | | 2019.03.22 | | |
| | 건물<br>전부 | 권리신고 | 주거<br>임차인 | 2019.3.22.~<br>2021.3.22. | 160,000,000 | | 2019.3.22. | 2019.3.5. | 2020.02.21 |

2번 박스 부분에는 점유자에 대한 정보를 공시하고 있다. 점유 부분, 정보출처 구분, 임대차기간, 보증금, 차임(월세), 전입신고일자, 확정일자, 배당요구일까지 점유자에 대한 모든 사항을 한눈에 볼 수 있다. 여기서 정보출처 구분을 자세히 살펴보면 '현황조사'와 '권리신고' 두 칸으로 구분되는 모습을 볼 수 있다.

이 중 '현황조사'는 경매개시결정 이후 약 7일 뒤 법원 집행관이 물건지에 직접 방문하여 현장조사를 하고 안내문 부착 및 전입세대 열람을 통해 점유자를 파악한 내용을 기재하고 있다.

법원은 경매가 진행되면 모든 채권자와 이해관계인들에게 권리신고

와 배당요구에 대한 안내 및 경매 진행 상황을 알린다. 이때 임대인과 임차인이 적법한 임대차계약을 체결했다면 임차인은 임대차계약서와 주민등록등본을 지참하여 법원 경매계에 방문해 '권리신고'를 하게 된다. 그리고 경매계 직원은 임차인이 제출한 임대차계약서를 통해 임차인의 전입신고일자와 확정일자 및 계약조건 등의 점유자 정보를 확인하여, 이를 토대로 임대차기간, 보증금, 월세, 전입일, 확정일자, 배당요구일을 기재한다. 따라서 임차인의 '권리신고' 내용이 없다면 경매계 직원의 '현황조사' 내역만 기재되며, 집행관 현황조사시 점유자를 만나지 못했다면 '폐문부재'로 기재하기 때문에 이 경우 반드시 현장조사를 통해 점유자를 파악해야 한다. 그리고 확인 결과 임차인이 없다면 소유자가 점유하는 것으로 추정하고, 다음과 같이 '조사된 임차 내역 없음'으로 표기된다.

| 점유자의 성 명 | 점유부분 | 정보출처 구 분 | 점유의 권 원 | 임대차기간 (점유기간) | 보 증 금 | 차 임 | 전입신고일자,사업 자등록 신청일자 | 확정일자 | 배당요구여부 (배당요구일자) |
|---|---|---|---|---|---|---|---|---|---|
| | | | | 조사된 임차내역없음 | | | | | |

※ 최선순위 설정일자보다 대항요건을 먼저 갖춘 주택·상가건물 임차인의 임차보증금은 매수인에게 인수되는 경우가 발생 할 수 있고, 대항력과 우선변제권이 있는 주택·상가건물 임차인이 배당요구를 하였으나 보증금 전액에 관하여 배당을 받지 아니한 경우에는 배당받지 못한 잔액이 매수인에게 인수되게 됨을 주의하시기 바랍니다.

3번 박스 부분은 3가지 사항으로 구분되는데, 인수 권리 및 낙찰자 주의사항에 대해 공시한다. 따라서 이 세 칸에 하자나 인수 여지가 있는 권리가 있다면 주의해야 한다.

| 등기된 부동산에 관한 권리 또는 가처분으로 매각으로 그 효력이 소멸되지 아니하는 것 |
|---|
| 을구 순위 3번 전세권설정등기(2018.3.30.등기)는 말소되지 않고 매수인에게 인수됨 |
| 매각에 따라 설정된 것으로 보는 지상권의 개요 |
| 지상 소재 타인소유 건물 매각제외(법정지상권 성립여부 불분명) |
| 비고란 |
| 대부분 자연림 상태이나, 일부 '도로' 및 '제시외 건부지'로 이용중임. 타인소유 제시외 건물(조립식판넬지붕 단층창고) 매각에서 제외. |

먼저 '등기된 부동산에 관한 권리 또는 가처분으로 매각으로 그 효력이 소멸되지 아니하는 것'에서는 말소기준권리 외 낙찰 후에 소멸하지 않고 낙찰자에게 '인수'되는 권리를 기재한다. 여기에는 대항력 있는 임차인, 전세권, 가처분, 지상권, 토지별도등기 등 낙찰 후 '인수'되는 권리가 공시된다. 그리고 '매각에 따라 설정된 것으로 보는 지상권의 개요'에서는 만약 토지 경매가 진행된다면 토지 위에 매각에서 제외되는 법정지상권(건축물, 공작물)과 분묘기지권(묘지)이 표시된다. 마지막으로 '비고란'은 유치권, 위반건축물, 대지권 미등기, 공유자 우선 매수신고, 농지취득 자격증명 등이 표시된다.

이처럼 매각물건명세서는 법원에서 제공하는 확실한 권리분석 자료이자 보증서로, 각종 부동산 관련 서류에서 공시하지 않은 내용과 인수 가능한 권리를 표시하여 입찰 여부를 판단하는 데 아주 중요한 정보를 제공하고 있다. 따라서 매각물건명세서를 자세히 살펴보면 숨겨진 덫도 찾을 수 있다.

# 7. 감정평가서 vs 수지분석표

감정평가서는 감정평가사가 공시지가, 관리처분, 경매 소송 등을 위해 건물과 토지 등의 경제적 가치를 산출하여 작성하는 서류로, 보통 경매에서는 이를 통해 최초매각가격을 정하게 된다. 하지만 감정평가서는 권리분석을 할 때 현실과 괴리가 큰 자료이기도 하다. 그 이유는 감정가액이 터무니없이 높거나 낮은 경우가 빈번하며, 경매 절차상 짧게는 6개월에서 길게는 3년 이전에 평가된 물건들이 경매로 나오기 때문에 과거와 현재의 시차가 존재하는데, 이로 인해 감정평가금액을 믿고 입찰한 투자자들이 선량한 피해를 보기도 한다.

# 감정평가서는 참고용일 뿐이다

 필자가 경매 입문시절 고수를 찾아 법 학원과 경매 학원을 들락거릴 때, 이론으로 무장한 교수와 강사들에게 입찰가 산정에 대해 물으면 "감정가 대비 몇 %까지만 입찰하세요"라는 애매한 조언을 듣곤 했다. 지금 와서 생각해 보면 정말 어처구니없는 입찰가 산정이었다. 하지만 실전 경험이 많지 않은 경매 입문자들은 이런 교육을 받은 후 현장에서 감정평가서의 감정가액을 기준으로 입찰가를 산정한다. 그리고 그에 따른 대부분의 결과는 대금 미납과 동시에 보증금 몰수라는 현실을 마주하게 된다. 강의와는 다르게 실전에서 이런 모순을 자주 접하다 보니 투자자들은 혼란스러울 수밖에 없다. 그래서 필자는 주변의 경매 입문자들에게 "감정평가금액은 절대 시세가 아니다. 감정평가금액은 단지 참고용일

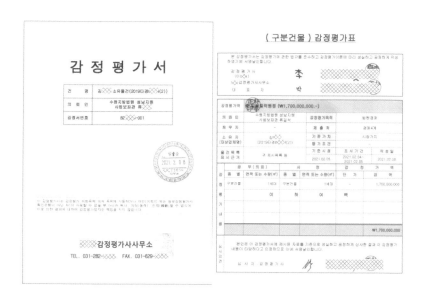

뿐이다."라고 귀에 딱지가 들도록 말한다.

실제 경매 물건의 정확한 시세를 찾기 위해서는 여러 자료를 수집해 신뢰할 수 있는 데이터를 찾아야 실제 그 부동산의 가치와 가격을 알 수 있다. 또한 입찰을 준비하면서 권리분석보다 중요한 것이 현장조사를 통한 시세파악과 수지분석, 그 부동산이 가지고 있는 가치를 찾는 것이다(용도변경, 증축, 신축 리모델링을 통해 가치를 높일 수 있다). 따라서 경매를 제대로 배우려면 권리분석보다 부동산 가격과 가치를 제대로 판단할 수 있어야 경매 투자의 본질을 알 수 있다.

## 실거래가격과 주변 호재 파악이 우선이다

그래서 경매 물건의 입찰가격을 정할 때 가장 중요한 것은 감정평가서가 아니라 실제 시장에서 거래 가능한 가격과 신뢰할 수 있는 통상적인 시세를 찾는 것이다. 필자는 최근 매각된 실거래가격과 현재 거래시세를 파악하여 기준가격을 잡고, 주변 호재(교통, 인프라, 기업, 학교 등)를 확인하여 가산점을 준다. 예를 들어보자.

감정평가액이 1억원이면 이 감정가는 매각을 위해 감정평가사가 감정평가에 의해 정한 가격이므로 참고하고, 국토교통부 실거래가와 현재 거래시세, 그리고 호가를 알아본다. 여기에 주변 호재가 있다면 가산점(입찰가격을 높이는 점수)을 부여하여 입찰가를 높이거나 낮출 수 있다. 필자는 아파트, 연립주택, 다세대주택, 오피스텔의 경우 전용면적(실평수)과 공급면적(실평수 + 서비스면적 합산)을 기준으로 면적과 준공년도를 고려해 현재 경매 물건과 유사한 샘플을 찾고, 전용면적당 평단가와 공급면적당 평단가를 도출해 낸다. 이렇게 경매 물건 주변에서 신뢰할 수 있는 샘플을 20개 정도 추적해 평균치를 도출하고 그 평균가격을 가지고 현재 물건의 입찰가를 정한다. 예를 들어 A지역의 경매 물건의 경우 직선거리 1km(지방 소도시의 경우는 샘플이 많지 않기 때문에 3km까지 범위를 넓혀야 한다) 인근으로 해당 경매 물건과 유사한 물건의 실거래가와 매물의 시세를 파악하는 식이다. 그럼, 다음 5개의 샘플을 가지고 평균 평단가를 알아보자.

| | 전용면적 | 준공년도 | 감정가/시세 | 평단가 |
|---|---|---|---|---|
| 실제 경매 물건 | 10평 | 2019년 9월 | 1억원 | 1,000만원 |
| 실거래 유사물건 A | 13평 | 2018년 12월 | 1.1억원 | 846만원 |
| 실거래 유사물건 B | 20평 | 2019년 1월 | 1.8억원 | 900만원 |
| 실거래 유사물건 C | 9평 | 2017년 11월 | 1.3억원 | 1,444만원 |
| 실거래 유사물건 D | 12평 | 2018년 3월 | 1.3억원 | 1,083만원 |
| 실거래 유사물건 E | 11평 | 2020년 11월 | 1.2억원 | 1,090만원 |

5개의 샘플을 확인한 결과 A지역의 인근 전용면적당 평단가는 1,072만원(846 + 900 + 1,444 + 1,083 + 1,090=5,363 ÷ 5)이다. 따라서 이 경매 물건의 감정가는 시세보다 저평가되었다는 것을 실거래 데이터를 통해 확인할 수 있다. 물론 해당 자료는 인근 실거래가가 비슷한 물건을 추적해 전용면적에 따른 평단가를 추정한 것이다. 그리고 부동산은 입지

값이 중요하기 때문에 입지에 따른 주변 환경도 고려해야 한다. 만약 경매 물건이 산꼭대기에 위치한 빌라라면 감점이 필요하고, 학군과 교통이 좋은 위치라면 가산점을 더해 시세를 평가해야 한다. 위 계산식을 참고해 엑셀로 수지분석표를 만들어 두면 도움이 될 것이다.

## 수지분석표 작성은 필수다

필자는 수강생에게 이런 질문을 받은 적이 있다. "시세 조사도 정확히 하고 입찰도 열심히 들어가는데 매번 패찰입니다. 이유가 뭘까요?" 물론 이유는 여러 가지가 있겠지만 필자가 한 답변은 "욕심 때문입니다"였다. 입찰가에 욕심을 부리면 낙찰받을 수 없다. 즉, 너무 높은 수익을 쫓아 입찰가를 보수적으로 낮게 산정하면 입찰 경쟁에서 당연히 밀릴 수밖에 없다. 따라서 좀 적은 수익을 보더라도 적정한 선에서 입찰가를 고려해야 한다.

반대로 낙찰에만 목표를 두면 오히려 더 큰 손해를 볼 수도 있다. 대부분의 경매 물건은 경매에 나옴과 동시에 이미 여러 정보지를 통해 많은 투자자들에게 노출된다. 따라서 누구나 시세보다 싸게 사고 싶은 마음을 가지고 적정한 입찰가를 도출하기 위해 현장조사와 시세조사를 한다. 그런데 막상 입찰을 할 때 보면 말도 안 되는 미친 입찰가격이 나오기도 한다. 분명 모두가 예상한 금액에서 대부분의 투자자들이 경쟁을 하지만 꼭 한두 명의 미친 입찰가격으로 법원에 환호성이 터진다. 입찰가가 높

## 수지분석표

[ 단위 : 원 ]

| 항 목 | | 상 세 내 역 | | | 비 고 |
|---|---|---|---|---|---|
| 사건번호 | | 2019타경**** | 소유자 | 정** | |
| 물건의 종류 | | 아파트 | 채무자 | 정** | |
| 대지권 | | 87.92m2 | 건물면적 | 156.87㎡ (47.45평) | |
| 소재지 | | 서울특별시 강서구 화곡동 ****, ******* 117동 2층 202호 | | | |
| 선정기준 | | 인근 지역 | | | |
| 경매 감정가 | | 947,000,000 | | | |
| 현재 시세 | KB시세(중간평균치) | | | 1,150,000,000 | |
| | 국토부 실거래가 | | | 1,100,000,000 | |
| | 네이버 부동산 시세 | | | 1,350,000,000 | |
| | 평 균 | | | 1,200,000,000 | 평균 시세 |
| 임차인 | 이름 | 없음 | 말소기준권리 | 1순위 가압류 이** 150,000,000 | |
| | 전입일자 | 없음 | | 강제경매 이** | |
| | 확정일자 | 없음 | | | |
| | 배당요구 | 없음 | | | |
| 희망 입찰가 | 평균 시세 | 1,200,000,000 | 궁금한 점 문의란 | | |
| | 최저가 | 947,000,000 | "미등기감정가격포함" 분석은 어떻게 해야 하나요? | | |
| | 예상입찰가 | 1,092,000,000 | | | |

[ 단위 : 원 ]

| 구 분 | 항 목 | 상 세 내 역 | 비 율 | 임대 시 | 금 액 | 비 고 |
|---|---|---|---|---|---|---|
| 초기 투자 비용 | 낙찰가 | - 낙찰가 | 94% | | 1,128,000,000 | 평균시세 대비 입찰가 |
| | | - 은행대출 | 50% | | 564,000,000 | 낙찰가 대비 비율 = 은행대출 |
| | | - 입찰보증금 | . | | 94,700,000 | 최저가 기준 10% |
| | | - 납부해야 할 잔금 | | | 469,300,000 | 은행대출 - 입찰보증금 |
| | 세금 | - 취득세 | 1.3% | | 14,664,000 | 낙찰가 대비 비율 = 취득세 |
| | | - 인수해야할 보증금 | | | - | |
| | | - 명도비(이사비or소송비) | | | 2,000,000 | 직접 입력 |
| | | - 인테리어/수리/청소 | | | | 직접 입력 |
| | | - 법무사비 기타 자문비 합계 | | | 1,500,000 | 직접 입력 |
| | | - 관리비 | | | 1,000,000 | 직접 입력 |
| | | 소 계 (비용A) | | | 19,164,000 | |
| | | 지출 비용 총합 (자기자본 투여금액) | | | 583,164,000 | |
| | | 총 투자금액 (낙찰가 + 소계 비용A) | | | 1,147,164,000 | |
| 수입 | | - 전/월세 보증금 | | | | |
| | | - 월세 | | 개월 | | |
| | | 소 계 | | | | |
| | | - 매도 금액 | | | 1,600,000,000 | |
| 지출 | | - 대출이자/년 (거치식) | 3.0% | | 1,410,000 | 연 이자 |
| | | - 보유기간 동안 이자 / 월 | 12 | | 16,920,000 | 대출기간 / 개월 |
| | | - 양도소득세 | 38% | | 46,814,900 | 직접 입력 |
| | | - 중계수수료 | | | 6,400,000 | |
| | | 소 계 (지출B) | | | 70,134,900 | |
| | | 총 비용 (비용A+지출B) | | | 89,298,900 | |
| 수익 | | - 순수익 | | | 382,701,100 | |
| | | - 투자금 대비 수익률 | | | 65.6% | ROI |

★ 양도소득세 계산기 바로가기★

* 수지분석표는 필자가 운영하는 텐엑스에듀(https://cafe.naver.com/tenxedu)에서 무료로 제공하고 있다.

다는 건 실거주를 목적으로 주택을 낙찰받는 경우이거나 경매 컨설팅회사에서 의도적으로 의뢰인에게 높은 입찰가를 제시하는 경우일 수 있다(경매회사는 의뢰인이 낙찰을 받아야 수수료를 청구할 수 있기 때문이다). 하지만 이런 경우를 제외하고는 시세조사가 잘못되어 높은 입찰가를 써내는 경우이다. 따라서 입찰법원에서 이런 야유 섞인 환호성을 듣고 싶지 않다면 수지분석표를 제대로 작성하여 객관적인 기준을 정해 입찰가를 산정해야 한다.

## 감정가는 기준가격이 아니다

감정평가금액은 과거의 가격이다. 물론 실거래가도 과거의 가격이다. 그런데 과거 가격에 너무 얽매이다 보면 현재가격과 미래가치가 좋은 물건을 놓치게 된다. 필자는 수강생들에게 물건에 제한을 두지 말고 자신의 투자금에 맞춰, 감정가 100%에서 유찰되지 않은 물건에도 관심을 가지라고 말한다.

**Case** 감정가 대비 160% 높게 낙찰된 경우

| 소 재 지 | 서울특별시 강동구 둔촌동 ◯◯◯. ◯◯◯◯ 102동 17층 1706호 [도로명검색] [D 지도] [D 지도] | | | | |
| 새 주 소 | 서울특별시 강동구 명일로 ◯◯◯. ◯◯◯ 102동 17층 1706호 | | | | |

| | | | | | 오늘조회: 1  2주누적: 0  2주평균: 0 [조회동향] | | |
| 물건종별 | 아파트 | 감 정 가 | 380,000,000원 | 구분 | 입찰기일 | 최저매각가격 | 결과 |
| | | | | | 2016-08-22 | 380,000,000원 | 변경 |
| 대 지 권 | 18.899㎡(5.717평) | 최 저 가 | (100%) 380,000,000원 | | 2018-02-26 | 380,000,000원 | 변경 |
| | | | | | 2018-05-14 | 380,000,000원 | 변경 |
| | | | | | 2018-07-30 | 380,000,000원 | 변경 |
| 건물면적 | 59.78㎡(18.083평) | 보 증 금 | (10%) 38,000,000원 | | 2019-04-08 | 380,000,000원 | 변경 |
| | | | | | 2019-06-24 | 380,000,000원 | 변경 |
| 매각물건 | 토지·건물 일괄매각 | 소 유 자 | 신◯◯ | 1차 | 2019-09-30 | **380,000,000원** | |
| | | | | | 낙찰: 612,000,000원 (161.05%) | | |
| 개시결정 | 2016-02-22 | 채 무 자 | 신◯◯ | | (입찰54명,낙찰:용인시 수지구 (주)토◯◯ / 차순위금액 588,998,000원) | | |
| | | | | | 매각결정기일 : 2019.10.07 - 매각허가결정 | | |
| | | | | | 대금지급기한 : 2019.11.18 | | |
| 사 건 명 | 강제경매 | 채 권 자 | 최◯◯ 외 2 | | 대금납부 2019.10.16 / 배당기일 2019.11.27 | | |
| | | | | | 배당종결 2019.11.27 | | |
| 관련사건 | 2016타경◯◯◯(중복), 2019타경◯◯◯(중복) | | | | | | |

이 물건은 서울시 강동구 둔촌동에 위치한 한 아파트다. 감정가는 3억 8,000만원(감정가 100% 상태)이었다. 그런데 낙찰가는 6억 1,200만원으로, 감정가 대비 약 161% 높게 낙찰받았다. 이 사례를 보고 '누군가 입찰가를 잘못 기재한 건 아닐까?'라는 생각이 든다면 지금도 당신은 감정가를 맹신하고 있는 것이다. 감정가는 시세가 아니다. 해당 아파트는 모두 54명이 입찰에 도전했고 감정가를 훌쩍 넘어 낙찰되었다. 그 반증은 모든 사람들이 감정가를 무시하고 시세를 반영해 입찰가를 산정했다는 것이다.

| 감정평가액 | 一金삼억팔천만원整 (₩380,000,000.-) | | | |
|---|---|---|---|---|
| 의 뢰 인 | 서울동부지방법원<br>사법보좌관 정█████ | 감정평가목적 | 법원경매 | |
| 채 무 자 | - | 제 출 처 | 경매6계 | |
| 소유자<br>(대상업체명) | 신████<br>(2016타경████) | 기 준 가 치 | 시장가치 | |
| | | 감정평가조건 | - | |
| 목　　록<br>표 시 근 서 | 귀 제시목록 | 기 준 시 점 | 조 사 기 간 | 작 성 일 |
| | | 2016.02.29 | 2016.02.25~2016.02.29 | 2016.03.02 |

　해당 아파트의 감정평가 기준시점(경매 접수시점)은 2016년 2월이다. 그리고 경매로 낙찰된 시점은 그로부터 약 3년 뒤인 2019년 9월이다. 이 아파트는 경매가 접수되어 조사한 시기와 낙찰시점까지 약 3년 동안의 공백이 있었고, 따라서 3년 동안 물가와 시세 상승에 대한 반영이 안 되다 보니 이런 결과가 나온 것이다. 2021년 현재 이 아파트의 호가는 9억원을 훌쩍 뛰어넘었다. 낙찰가보다 3억원이 더 오른 것이다. 참고로 경매 감정은 채권자 또는 이해관계인 등의 요청이 없다면 재감정을 하지 않는다.

　'경매는 시세보다 싸게 사서 비싸게 판다'는 기본 원리를 다시 새기고, 발 빠르게 움직이자. 당신에게 큰 수익을 만들어 줄 물건은 아직도 너무 많다.

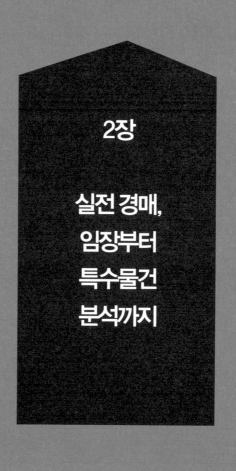

2장

실전 경매,
임장부터
특수물건
분석까지

# 1.

## 우아한
## 현장조사(임장)

임장은 다다익선(多多益善)이다. 물건지에 많이 가볼수록 기회가 보이고 돈 되는 물건을 찾을 수 있다. 우연히 운이 좋아 임장 없이 낙찰을 받아 수익을 낼 수도 있겠지만, 그것이 반복되면 나중에 더 큰 손해를 볼수 있다. 탁상분석을 하는 대다수의 투자자들은 낙찰을 받은 후 현장에 방문한다. 그리고 그제서야 물건의 중대한 하자(침수, 멸실, 파손, 관리비 미납 등)를 발견하고 수습하려 하지만, 정상적인 사용이 불가능하거나 복잡한 권리관계(유치권, 법정지상권, 공법) 문제로 결국 입찰보증금을 포기하게되는 경우도 발생한다.

# 임장 없는 낙찰은 100% 필패다

필자에게 상담을 의뢰한 한 투자자는 경매 전문가의 추천으로 제대로 된 권리분석도 없이 파주에 위치한 토지를 낙찰받았지만 공법상의 문제로 어떠한 개발행위도 할 수 없는 토지에 2년째 이자와 세금만 납부하고 있었다. 문제는 그 토지와 붙어 있는 통행로가 '도로'가 아닌 '농로'였다. 농로는 건축법상 도로로 인정받을 수 없기 때문에 그 토지는 어떠한 건축행위도 할 수 없는 맹지(도로가 없는 땅)나 마찬가지인 것이다.

경매 부동산은 입찰하기 전에 구체적인 목적을 가지고 있어야 한다. 예를 들어 토지의 경우 낙찰 전에 임대를 한다든지 또는 신축을 통해 새로운 가치를 부여한다든지 등 어떤 목적으로 운용할지 미리 결정해야 한다. 특히 토지 물건에 접근할 때 '토지를 싸게 낙찰받아 몇 년 뒤 비싸게 판다'는 생각은 너무 추상적이며 근거 없이 낙관적이기 때문에 큰 위험을 초래할 수 있다.

필자가 낙찰받은 김포 토지의 경우 입찰 전 구체적인 목적을 가지고 접근했다. 입찰 전 임장을 통해 용도지역과 지목을 살펴보았고, 도로와의 관계를 확인했다. 용도지역은 '계획관리지역'이었고 지목은 '대(垈)'였으며, 북동쪽으로 왕복 4차선 도로와 남쪽으로 6m 도로를 끼고 있어 접근성이 매우 뛰어난 토지였다. 용도지역상 건폐율은 40%, 용적률은 100%로 4층 이하의 건축물을 신축할 수 있는 토지이며, 도시지역에서 조금 떨어진 외곽지역이어서 공장이나 창고, 요양원, 병원을 신축할 수 있는 토지였다. 때마침 요양원 사업을 수년간 운영하는 지인이 있어 조언을 구해보니 해당 지역은 요양원(노유자시설)을 운영하려는 수요자들에게 최적화된 입지라는 걸 알게 되었다.

낙찰 후 계획은 요양원을 하려는 수요자에게 '① 토지를 적정한 면적으로 분할하여 공급하거나 ② 건축물(요양원)을 신축하여 토지와 함께 공급한다'는 구체적인 목적을 가지고 입찰에 도전해 낙찰받았다.

3,006평 4필지 토지 ⟶ 500평씩 총 6필지로 쪼개진 가분할도

## 주택 임장시 확인할 사항들

많은 초보투자자들은 전문가의 조언만 믿고 투자하는 경향이 많다. 그러다 보니 현장조사 없이 서류를 통한 탁상머리 조사로 임장을 대체하고 입찰을 진행한다. 심지어 일부 경매 전문가들은 이론적으로만 접근하며 "아파트는 임장을 갈 필요가 없습니다. 시간 낭비입니다."라고 주관적인 조언을 하기도 한다. 물론 아파트의 경우 평형과 타입이 일률적으로 정형화되어 있기 때문일 수 있지만, 아파트라고 임장을 빠트린다면 좋은

기회를 놓칠 수 있다.

　필자는 예전에 아파트 임장을 통해 세대 내부를 확인하여 그 세대가 최근에 전체 인테리어를 한 사실을 알 수 있었다. 해당 아파트는 전체 인테리어한 세대와 그렇지 않은 세대의 시세가 약 1,500만원 이상 차이가 있었다. 나는 임장을 통해 전체 인테리어 여부를 알고 있었기 때문에 좀 더 욕심을 부려 입찰가를 높였고, 그 결과 낙찰을 받아 큰 수익을 얻을 수 있었다. 만약 임장을 하지 않았다면 다른 경쟁자와 마찬가지로 시세만 반영하여 입찰가를 산정했을 것이며, 결과는 패찰로 돌아갔을 것이다.

　이처럼 임장은 경매뿐만 아니라 모든 부동산 투자의 기본이자 필수사항이며, 임장에서 가장 중요한 부분은 '최대한 많은 사람들과 접촉'하는 것이다. 따라서 경매 입문자일수록 다음과 같은 프로세스로 임장에 임하기를 바란다.

1) 경매정보지 복사본과 신분증을 지참하여 인근 주민센터(동사무소)에 찾아가 전입세대 열람 내역서를 발급받아 현재 누가 점유하고 있는지 확인하고, 물건지를 직접 방문해 우편함에서 우편물 수취인이 전입세대 열람 내역의 점유자와 일치하는지 확인한다.
2) 물건지 관리사무소가 있다면 관리사무소에 방문해 현재까지 누적된 관리비를 문의하고, 지금까지 본인을 제외한 조사자는 많았는지, 현재 점유자가 전입세대 열람 또는 경매정보지에 나와 있는 그 사람이 맞는지 확인한다. 참고로 아파트의 관리비는 낙찰자가 공용부분 관리비만 부담하며, 다세대주택(빌라)과 연립주택처럼 관리사무소가

없는 경우 관리비를 낙찰자가 따로 지불하지 않는다. 단, 도시가스와 전기 요금이 연체되어 차단되었다면 도시가스회사와 한국전력에 연락해 경매로 인한 소유권 변동을 알리고, 낙찰자는 해당 부동산의 소유권 이전일부터의 비용만 부담하면 된다.

3) 물건지 세대 방문을 통해 점유자를 파악한다. 물건지에 찾아가 경매정보지와 전입세대 열람으로만 알 수 있었던 점유자를 직접 만나 사실관계를 확인한다. 이때 점유자가 현재 어떤 상황에 놓여있는지, 점유자의 성향을 볼 때 낙찰 후 명도는 어렵지 않겠는지, 집 내부 상태는 수리가 필요한지 등을 확인하여 추가 비용을 추산해 볼 수 있다. 이때 점유자를 직접 만날 수 없는 상황(폐문부재)이라면 옆집, 윗집, 아랫집 등을 모두 방문해 해당 세대에 대한 정보를 구해야 한다.

4) 인근 공인중개사를 통해 정확한 시세를 파악한다. 권리관계보다 더 중요한 것이 정확한 시세파악이다. 주택의 경우 보편적으로 사용하는 방법은 네이버부동산이나 기타 부동산 중개 사이트를 통해 현재 거래 가능한 매물을 찾고, 담당 공인중개사에게 전화를 걸어 유선상으로 매물의 현황에 대해 미리 문의해 보는 것이 좋다. 이때 한 번은 매수인 입장에서, 또 한 번은 매도인 입장에서 문의해 보면 사고자 할 때의 가격과 팔고자 할 때의 가격을 알 수 있다.

초보투자자들은 '모' 아니면 '도' 식으로 무작정 중개사무소에 찾아가는데, 운이 좋으면 친절한 공인중개사를 만나 고급정보를 들을 수 있지만 대다수는 '문전박대' 당하기 일쑤다. 사람은 솔직하면 통한다고 하지만 실제 임장에서는 다르다. 필자의 경험상 너무 솔직하면 몸 고생, 마음 고생만 많을 뿐이다. 임장시에는 어느 정도의 연출이 필요한데, 다음의 팁을 참고하기 바란다.

**Tip 임장시 필요한 연출법**

1) 매수자 입장

**매수자 :** 안녕하세요. ○○아파트를 실입주로 사려고 하는데, 현재 급매로 나와 있는 ○○평형대 매물이 있나요?

**공인중개사 :** 네, 몇 개 있습니다. 방문시간을 알려주시면 집을 볼 수 있는지 집주인에게 확인하고 연락드릴게요.

**매수자 :** 네, 감사합니다. 그럼 ○○평형으로 볼 수 있는 매물은 모두 보여주세요.

이와 같이 경매 진행 중인 물건과 동일한 타입 및 평형의 매물을 보유하고 있는 공인중개사에게 연락해 약속을 잡고 방문하면 전문가와 함께 임장을 할 수 있으므로 그 아파트의 장단점 등 다양한 정보를 얻을 수 있다. 이때 대다수의 공인중개사들은 매수자에게 단점보다 장점을 부각한다.


2) 매도자 입장

**매도자 :** 안녕하세요. ○○아파트를 가지고 있습니다. 개인적인 사정으로 급매로 팔고 싶은데, 어느 정도의 금액을 받을 수 있을까요? 급매로요.

**공인중개사 :** 최근 아파트 가격이 많이 오르긴 했지만, 요즘 들어 집주인들이 팔아달라는 가격(호가)이 너무 높아 실입주 매수자들이 엄두조차 내지 못하는 상황이에요. ○○○원에서 금액을 좀 더 낮추셔야 실거주 목적인 분들에게 급매가로 붙여볼

수 있어요.

이처럼 매도자 입장에서는 장점보다 현실적인 정보를 얻을 수 있으며, 어떤 공인중개사들은 거래를 성사시키기 위해 해당 물건의 단점과 악재를 부각하며 시세보다 더 낮게 가격을 유도하기도 한다.

이렇듯 공인중개사를 파트너로 만들면 편하게 임장을 할 수 있다. 필자의 경우 경매 물건을 낙찰받으면 시원한 음료수를 사들고 도움을 줬던 공인중개사를 찾아가 상황을 설명한 후 낙찰받은 물건을 매물로 접수하고 온다. 그리고 계약까지 성사되면 중개보수는 아낌없이 챙겨준다.

## 토지 임장시 확인할 사항들

많은 경매 투자자들이 주택 임장은 웬만큼 알겠는데, 토지 임장은 엄두가 나지 않는다고 말한다. 어떤 것부터 무엇을 살펴봐야 하는지 도대체 감이 오지 않는다는 것이다. 하지만 필자는 투자자들에게 "주택보다 토지 임장이 더 쉽다"고 자주 언급한다. 몇 가지만 제대로 확인하면 실제로 그렇기 때문이다. 그럼, 지금부터 주택 임장보다 쉬운 토지 임장에 대해 알아보자.

임장 전에 각종 공부(공적장부)를 통해 그 토지에 대한 정보를 최대한 많이 습득해야 한다. 토지의 '용도지역'과 그에 따른 '법령'을 확인해야 하는데, 토지의 용도지역에 따라 용적률과 건폐율이 다르고 도시관리계획(지구단위계획) 및 지자체 조례에 따라 용적률과 건폐율을 완화 적용하거나 강화 적용하기도 한다. 따라서 토지이음 홈페이지(www.eum.go.kr)에서 용도지역을 확인하고, 해당 지자체에 조례나 도시관리계획(지구단위계획)을 문의하여 그 토지가 속한 지역의 장기적 발전방향과 토지의 이용가치 및 그 토지가 공법상 하자가 없는지 확인해야 한다.

토지의 가치는 나대지(빈 땅)일 때 가장 높지만, 그 토지가 도시관리계획(지구단위계획)으로 개발제한구역 또는 시가화조정구역으로 묶이거나 토지의 용도가 따로 지정된다면(주차장, 도로, 공원, 녹지, 유원시설 등) 그 토지는 용도지역과 지목에 따라 사용하지 못하며, 가치는 당연히 떨어지게 된다. 따라서 입찰 토지의 용도를 사전에 정확히 계획하고, 그러한 용도로 사용할 수 있는지를 확인해야 한다. 임장 전 토지이음 홈페이지에 접속해 해당 토지의 주소를 입력하면 지목과 면적, 다른 법령 등에 따른 지역 지구와 도면을 통해 도로와의 관계를 확인할 수 있으니 반드시 출력하여 현장조사에 나서도록 하자.

이렇게 미리 출력한 토지 자료와 지적도를 챙겨 현장조사를 나가도 내가 찾는 땅이 어디에 붙어 있는지 제대로 찾아온 게 맞는지 헛갈릴 때가 많다. 이때 토지이음 홈페이지에서 출력해 온 지적도를 확인하고, 스마트폰의 카카오맵을 열어 지도와 지적편집도로 자신의 위치와 토지의 모양을 확인해 보면 토지의 위치를 확인할 수 있다.

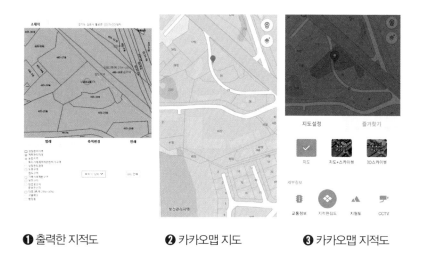

❶ 출력한 지적도　　　　❷ 카카오맵 지도　　　　❸ 카카오맵 지적도

이제 토지와 도로와의 관계를 살펴봐야 한다. 해당 필지와 붙어 있는 도로를 지적편집도를 통해 지번을 확인한 후 등기사항전부증명서의 '갑구'에서 소유자를 확인할 수 있다. 이때 만약 그 도로가 개인 도로라면 그 도로 소유자의 사용 승낙을 받아야만 해당 관청에서 개발행위나 건축행위를 위한 인허가를 받을 수 있다.

위 필지의 경우 북동쪽에 위치한 노란색이 48번 국도(도로)이다. '국도'는 국가의 행정재산으로, 국민을 위해 만들어 나라가 관리하고 유지하는 땅이기 때문에 누구나 자유롭게 사용할 수 있다. 따라서 48번 국도에 붙은 해당 필지는 도로와 붙어 있기 때문에 맹지는 아니다. 그런데 이 토지에는 위험한 비밀이 숨겨져 있다. 무작정 '도로가 붙어 있으면 맹지가 아니다'라고 판단하고 입찰을 했다가 큰 낭패를 볼 수 있는 토지인 것이다. 즉, 해당 토지는 도로와 붙어 있지만 맹지나 마찬가지인데, 그 이유는 국도와 해당 필지가 붙어 있는 가로 폭이 '교차로 영향권'에 들어가기 때문이다.

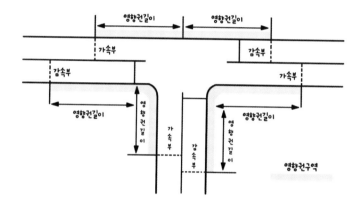

교차로 영향권이란 토지가 도로와 붙어 있지만 도로에서 회전하여 바로 진입이 불가능한 토지를 말한다. 즉, 속도를 내는 구간이나 급격하게 속도를 줄이는 구간에서 달리던 차량이 갑자기 속도를 줄여 급회전하여 진입한다면 사고 유발이 생기기 때문에 진입로를 만들 수 없다. 따라서 교차로 영향권에 들어가는 토지는 도로와 붙어 있어도 개발행위 허가를 받거나 도로와 연결하여 진입로를 낼 수 없어 맹지나 다름없다. 이처럼 차량 통행량이 많고, 교차로에서 도로를 돌아 바로 진입하는 토지나 4차선 이상 넓은 도로에 인도나 자전거 도로를 끼고 있는 토지는 지자체에 문의해 교차로 영향권에 해당하는지 반드시 확인하기 바란다.

**Tip 용도지역**

용도지역은 크게 도시지역, 관리지역, 농림지역, 자연환경보전지역으로 나뉘고, 여기서 다시 총 21가지 지역으로 세부적으로 구분된다.

특별히 임야(林野)나 전(田)에 개발행위 허가를 얻어 건축물을 짓는 경우라면 간혹 관리지역도 살펴볼 필요가 있겠지만, 일반적인 경매 투자자라면 도시지역만 알고 있어도 충분하다. 도시지역은 크게 주거지역, 상업지역, 공업지역, 녹지지역으로 구분되는데, 우리는 주로 주거지역과 상업지역만 알아두면 된다.

**Tip 건폐율과 용적률**

건폐율의 '폐'는 한자로 덮을 폐(蔽)를 쓰는데, 대지에 건물을 얼마나 덮을 수 있는지를 비율로 나타낸 것이다. 예를 들어 제3종 일반주거지역에 속한 100㎡의 대지가 있다고 치자. 참고로 제3종 일반주거지역은 건폐율 50%, 용적률 300% 이하로 건축행위를 할 수 있다. 그럼, 100㎡의 50%인 50㎡의 대지에 건물을 건축할 수 있는 것이다.

용적률이란 건축물의 연면적을 대지면적으로 나눈 값이다. 예를 들어 한 필지의 대지를 100㎡라고 했을 때 용적률이 200%이면 대지면적 100㎡의 2배인 200㎡까지 위로 올릴 수 있다는 말이다. 용적률의 적(積)은 적립카드의 '적'과 같은 한자를 쓴다.

Part 1 핵심만 쏙쏙! 실전 권리분석과 경매 투자 노하우

적립카드를 쓰면 쓸수록 포인트가 적립되어 쌓이는 것처럼 용적률도 크면 클수록 높이 쌓아올릴 수 있는 건물 포인트가 올라가는 것이라고 생각하면 된다.

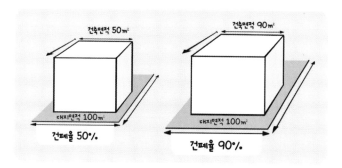

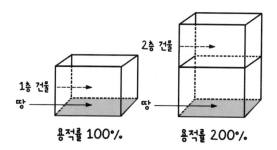

건폐율과 용적률은 다음과 같이 '국토의 계획 및 이용에 관한 법률'에 따라 정하고 있지만, 다시 지자체 조례에 따라 강화 적용하거나 완화 적용한다. 따라서 지자체 조례를 꼭 확인해야 한다.

| 구 분 | 용도지역 | 건폐율 기준 | 건폐율<br>(시행령) | 용적률<br>(시행령) |
|---|---|---|---|---|
| 도시지역 | 주거지역 | 제1종 전용주거지역 | 50% | 50 ~ 100% |
| | | 제2종 전용주거지역 | 50% | 100 ~ 150% |
| | | 제1종 일반주거지역 | 60% | 100 ~ 200% |
| | | 제2종 일반주거지역 | 60% | 150 ~ 250% |
| | | 제3종 일반주거지역 | 50% | 200 ~ 300% |
| | | 준주거지역 | 70% | 200 ~ 500% |
| | 상업지역 | 중심상업지역 | 90% | 400 ~ 1,500% |
| | | 일반상업지역 | 80% | 300 ~ 1,300% |
| | | 근린상업지역 | 70% | 200 ~ 900% |
| | | 유통상업지역 | 80% | 200 ~ 1,100% |
| | 공업지역 | 전용공업지역 | 70% | 150 ~ 300% |
| | | 일반공업지역 | 70% | 200 ~ 350% |
| | | 준공업지역 | 70% | 200 ~ 400% |
| | 녹지지역 | 보전녹지지역 | 20% | 50 ~ 80% |
| | | 생산녹지지역 | 20% | 50 ~ 100% |
| | | 자연녹지지역 | 20% | 50 ~ 100% |
| 관리지역 | | 보전관리지역 | 20% | 50 ~ 80% |
| | | 생산관리지역 | 20% | 50 ~ 80% |
| | | 계획관리지역 | 20% | 50 ~ 100% |
| 농림지역 | | | 20% | 50 ~ 80% |
| 자연환경보전지역 | | | 20% | 50 ~ 80% |

Part 1  핵심만 쏙쏙! 실전 권리분석과 경매 투자 노하우

# 정북일조 사선제한

    동네를 거닐다 보면 건축물이 위로 올라갈수록 계단처럼 좁아지는 모습을 목격하게 된다. 1~3층까지는 반듯하게 올라가다 4층에서 한 번 꺾여서 들어가고 다시 5층에서 한 번 더 꺾여서 들어가는 구조의 건축물인데, 이것이 바로 건축법상 '정북일조 사전제한' 규정으로 인한 것이다. 즉, '주거지역' 중 '준주거지역'을 뺀 나머지 지역의 경우 두 대지가 인접해 있을 때 한쪽 건물의 높이로 인해 다른 건물이 햇빛(일조)의 영향을 받을 수 없다면 그로 인한 채광과 통풍 등의 피해를 보기 때문에 건물 사이의 간격을 두도록 한 것이다.

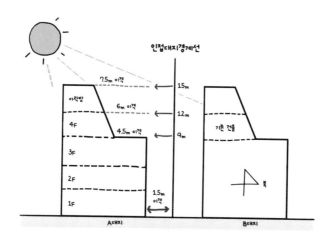

    그림처럼 A대지와 B대지가 있는 경우 B대지에는 기존 건축물이 있고 A대지에 필자가 건축물을 신축하려면 인접대지경계선으로부터 A대지 방향으로 높이 9m까지는 1.5m 이상 후퇴하며, 9m를 초과한 부분에 대

해서는 건축물 각 높이의 1/2만큼 후퇴하여 건물을 올려야 한다. 이것이 정북방향 일조권 확보 기준이다. 그러나 정북 방향에 건축물이 없고 6m 도로가 있다면 주택 일조권을 침해할 여지가 없기 때문에 용적률만큼 반듯하게 올릴 수 있다. 즉, 꺾이지 않기 때문에 건축물의 연면적이 넓고 구조가 좋아지니 수익성도 자연스럽게 높아지는 것이다. 만약 경매로 진행 중인 토지가 주거지역 토지이고, 토지의 정북 방향에 넓은 도로를 끼고 있다면 당신은 아주 귀한 토지를 찾아낸 것이다. 또한 낡은 주택이 북도로를 끼고 있어도 마찬가지다. 노후주택은 나대지이기 때문이다.

---

**Tip 좋은 주택 방향이란?**

**1) 일조량이 풍부한 남향집**

- 햇볕이 잘 들어 가장 선호하는 향

- 가격이 상대적으로 비싸다.

**2) 아침 햇살이 가득 들어오는 동향집**

- 남향 다음으로 선호하는 향

- 여름에는 시원하지만 겨울에는 추운 것이 단점이다.

**3) 가장 늦게 밤을 맞이하는 서향집**

- 오후에 햇볕이 집안 가득히 들어오는 향

- 장점도 햇볕, 단점도 햇볕

**4) 조망권을 갖췄다면 이야기가 달라지는 북향집**

- 햇볕이 들어오지 않아 어둡고 곰팡이가 발생하며 추워 비선호하는 향

- 그러나 북향인 집이라도 조망이 좋다면 남향보다 선호

결론은 남향, 남동향, 남서향, 동향, 서향, 북향의 순으로 주택(아파트)의 가격 차이가 존재한다.

부동산 경매에서 실패하거나 큰 오류가 발생하는 이유는 현장조사 시 그 물건을 꼼꼼히 살펴보지 않거나 현장조사 자체를 건너뛰기 때문이다. 이겨놓고 싸우는 경매를 하고 싶다면 현장조사는 선택이 아니라 필수이다.

# 2.
# 대항력 있는
# 임차인 권리분석

'권리 위에 잠자는 자는 보호받지 못한다'라는 법언이 있다. 대한민국 국민이라면 누구든 법의 보호를 받고, 그 법을 적절히 활용해야 한다. 하지만 지금도 주변을 보면 경매로 인해 보증금을 떼이고 쫓겨나는 세입자들을 많이 볼 수 있다. 배당요구를 제때 하지 않아서, 임차주택에 설정되어 있는 대출금을 정확히 파악하지 못해서, 전입신고와 확정일자를 받지 않아서 등 사소한 몇 가지를 챙기지 않아 보증금을 날리고 쫓겨나는 세입자들이 안타까울 뿐이다.

경매 투자를 전문으로 하는 필자가 명도 대상자를 보고 '안타깝다'고 말하는 것이 위선적일 수 있지만, 현실이 그러하다. 따라서 경매 투자를 준비하는 입문자뿐만 아니라 일반인들도 '자발적 무지'에서 벗어나기 위해 노력해야 한다. 그러나 그런 노력 자체를 거부하는 사람들이 많은 것 또한 현실이다. 누구나 조금만 부동산에 관심을 가지고 공부한다면

소중한 내 재산을 지키고, 시간적으로나 금전적으로 여유로운 삶을 살아
갈 수 있음에도 말이다.

## 경매의 핵심, 대항력

　부동산 경매 물건을 분석할 때 가장 먼저 확인해야 하는 것이 점유자
이다. 소유자가 거주하고 있는지 아니면 임차인이 거주하고 있는지를 먼
저 파악해야 한다. 경매 물건을 점유하고 있는 사람은 총 세 부류로 분류
할 수 있다. ① 채무자 겸 소유자 ② 소유자 겸 소유자의 가족 또는 이해
관계인 ③ 임차인이다. 이때 소유자나 소유자의 가족이 경매 물건에 거
주하는 경우에는 1장에서 살펴본 '동, 순, 별, 접'으로 말소기준권리만 찾
으면 권리분석은 끝난다. 그러나 임차인이 있는 경우에는 그 임차인이 대
항력(집에서 나가지 않을 권리)이 있는지 여부를 분석해야 한다. 그래서 '대항
력'은 경매의 핵심이며, 임차인 분석에 있어 가장 중요한 쟁점이 된다.

　여기서 대항력이란 임차한 주택이 경매로 인해 소유자가 변경되는 경
우 임차한 주택에 대해 임차인이 임대차의 내용을 주장할 수 있는 법률
상의 권리이다. 즉, 소유권이 바뀌더라도 임대차 계약기간 동안 계속 거
주(점유)할 수 있고, 제3자(낙찰자)에게 임차보증금 반환을 청구할 수 있
는 권리이다. 이렇듯 주택임대차보호법에서는 임차인을 보호하기 위해
안전장치를 마련해 두었는데, 임차인이 그 권리를 확보하기 위해서는
'주택인도(실제 점유)'와 '전입신고(주민등록 이전)'라는 두 가지 요건을 반

드시 갖추고 있어야 한다. 이 두 가지 요건을 '대항력 성립요건'이라고
하며, 주택인도 + 전입신고를 갖추면 다음 날 0시부터 임차인에게 대항
력이 발생한다. 따라서 '대항력이 있다'는 말은 낙찰받은 부동산에 점유
하는 임차인을 낙찰자가 '인수'해야 한다는 뜻이다.

**대항력 : 집에서 나가지 않을 권리**

보통 초보투자자의 경우 경매 물건을 검색하면서 대항력이 있는 임차
인을 발견하면 '과연 안전한 물건일까?'라는 생각부터 하게 된다. 하지
만 대항력이 있다고 해서 모든 임차인을 낙찰자가 인수해야 하는 것은
아니다. 그 이유는 선순위 임차인(대항력 있는 임차인)도 자신의 보증금을
모두 배당받으면 소멸하여 인도명령(명도) 대상자가 되기 때문이다. 즉,
낙찰받은 부동산에 전입(대항력 부여) + 확정일자(우선변제권 부여) + 배
당요구(배당 요건)를 완료한 임차인의 경우는 보증금에 대해 모두 배당을
받게 되면 소멸한다.

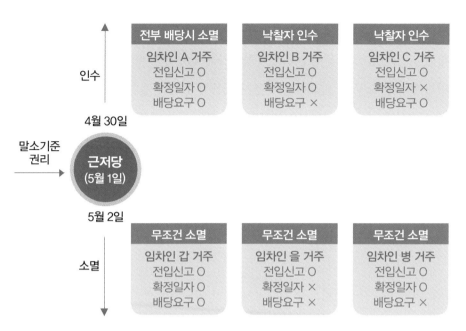

이 사례를 살펴보면 근저당보다 앞에 위치한 임차인 A, B, C는 말소기준권리보다 전입일이 빠른 대항력 있는 임차인이며, 근저당보다 뒤에 있는 갑, 을, 병은 전입일이 늦은 대항력 없는 임차인이다. 따라서 임차인 A, B, C의 경우는 임차보증금을 전액 배당받지 못한다면 당연히 낙찰자가 '인수'하지만, 대항력 있는 임차인이라고 하더라도 자신의 보증금에 대해 전액 배당을 받는다면 아무 문제 없이 명도를 진행할 수 있다. 예를 들어 임차인 A의 경우 말소기준권리(근저당)보다 전입일이 빠르기 때문에 당연히 배당에서도 근저당권자보다 보증금을 우선하여 받게 된다. 그럼, 각각의 경우를 좀 더 자세히 살펴보자.

임차인 A는 전입신고·확정일자·배당요구를 모두 완료한 임차인으로, 낙찰대금에서 모두 배당을 받는다면(다만 당해세 우선의 원칙에 따라 세금이 먼저 배당되어 선순위 임차인이 배당에서 밀리는 경우가 종종 있다) 대항력은 소멸한다. 임차인 B는 전입신고와 확정일자는 받았지만 배당요구종기일 이전에 '배당요구'를 완료하지 못했기 때문에 요건 불충분으로 배당에서 제외된다. 따라서 낙찰자가 B의 보증금 전액을 인수·부담해야 한다. 임차인 C는 전입신고와 배당요구를 완료했지만 우선변제를 받기 위한 '확정일자'를 받지 않았기 때문에 우선변제권을 상실하여 배당에서 우선변제를 받지 못한다. 그러나 말소기준권리보다 전입일이 빠르기 때문에 대항력은 유지된다. 따라서 임차인 C의 보증금도 낙찰자가 인수·부담해야 한다.

반대로 말소기준권리보다 전입일이 느린 대항력 없는 임차인 갑, 을, 병의 경우는 후순위 임차인으로서 낙찰자에게 대항할 수 없는 인도명령(명도) 대상자이다. 물론 주택임대차보호법에서는 소액임차인을 보호하기 위해 '소액임차인 최우선변제' 제도가 있어 선순위와 후순위를 따지지 않고 임차인이 전입신고와 배당요구를 완료하고(확정일자는 최우선변제 요건이 아니다) 그 보증금이 법에서 정한 일정 소액인 경우에는 최우선적으로 배당해 준다. 그래야 서민을 보호한다는 법의 취지에 맞기 때문이다. 최우선변제를 받을 수 있는 보증금과 한도는 다음과 같다.

| 담보물건 설정일자 | 지역 | 임차보증금 범위 | 최우선변제 금액 한도 |
|---|---|---|---|
| 2001.9.15.~ 2008.8.20. | 수도권 중 과밀억제권역 | 4,000만원 이하 | 1,600만원 |
| | 광역시(군 지역과 인천광역시 제외) | 3,500만원 이하 | 1,400만원 |
| | 기타 지역 | 3,000만원 이하 | 1,200만원 |

| | | | |
|---|---|---|---|
| 2008.8.21.~<br>2010.7.25. | 수도권 중 과밀억제권역 | 6,000만원 이하 | 2,000만원 |
| | 광역시(군 지역과<br>인천광역시 제외) | 5,000만원 이하 | 1,700만원 |
| | 기타 지역 | 4,000만원 이하 | 1,400만원 |
| 2010.7.26.~<br>2013.12.31. | 서울특별시 | 7,500만원 이하 | 2,500만원 |
| | 수도권 중 과밀억제권역<br>(서울 제외) | 6,500만원 이하 | 2,200만원 |
| | 광역시(과밀억제권역,<br>군 지역 제외) | 5,500만원 이하 | 1,900만원 |
| | 기타 지역 | 4,000만원 이하 | 1,400만원 |
| 2014.1.1.~<br>2016.3.30. | 서울특별시 | 9,500만원 이하 | 3,200만원 |
| | 수도권 중 과밀억제권역<br>(서울 제외) | 8,000만원 이하 | 2,700만원 |
| | 광역시(과밀억제권역,<br>군 지역 제외) | 6,000만원 이하 | 2,000만원 |
| | 기타 지역 | 4,500만원 이하 | 1,500만원 |
| 2016.3.31.~<br>2018.9.17. | 서울특별시 | 1억원 이하 | 3,400만원 |
| | 수도권 중 과밀억제권역<br>(서울 제외) | 8,000만원 이하 | 2,700만원 |
| | 광역시(과밀억제권역,<br>군 지역 제외) | 6,000만원 이하 | 2,000만원 |
| | 기타 지역 | 5,000만원 이하 | 1,700만원 |
| 2018.9.18.~ | 서울특별시 | 1억 1,000만원 이하 | 3,700만원 |
| | 수도권 중 과밀억제권역<br>(서울 제외) | 1억원 이하 | 3,400만원 |
| | 광역시(과밀억제권역,<br>군 지역 제외) | 6,000만원 이하 | 2,000만원 |
| | 기타 지역 | 5,000만원 이하 | 1,700만원 |

예를 들어 2018년 9월 18일 이후 서울특별시의 보호범위는 임차인의 보증금 1억 1,000만원 이하까지만 최우선변제액 상한에 해당하는 3,700만원을 우선하여 배당해 준다는 것이다. 만약 보증금이 1억 1,000만원을 넘으면 최우선변제는 받지 못하게 된다. 이때 최우선변제 기준일은 임차인의 전입일이 아니라 최선순위 담보물건 설정일자(말소기준권리)로 보아야 한다. 그 이유는 임차인의 전입일로 판단하는 경우 임차인이 없음을 인지하고 대출을 실행한 채권자(근저당권자)들의 배당받을 권리를 심하게 침해할 수 있기 때문이다.

## 우선변제권과 최우선변제권의 요건

| 우선변제권의 요건 | 최우선변제권의 요건 |
|---|---|
| 경매로 인해 임대차 관계가 소멸될 경우 임차보증금을 후순위 권리자나 기타 채권자보다 우선하여 변제받을 수 있는 권리<br>① 대항력 요건을 갖출 것<br>② 확정일자를 받을 것(주민센터)<br>③ 임차주택이 경매 또는 공매로 매각되었을 것<br>④ 배당요구를 할 것<br>⑤ 대항력 요건의 기준시점과 확정일자 중 늦은 날을 기준으로 효력 발생함 | 임차주택이 경매나 공매로 매각되었을 때 임차인의 소액보증금 중 일정액을 선순위 권리자보다 우선하여 매각가격의 2분의 1 범위 내에서 배당받을 수 있는 제도<br>① 배당요구의 종기일까지 반드시 배당요구를 하였을 것<br>② 보증금의 액수가 소액임차인에 해당하는 보증금의 범위 내에 해당할 것<br>③ 첫 경매개시결정등기 전에 대항요건(주택의 인도와 전입신고)을 갖추었을 것<br>④ 배당요구종기일까지 대항요건을 유지할 것<br>⑤ 임차목적물인 주택에 소유권보존등기가 되고, 경매개시결정등기가 되어 있을 것 |

### 1) 대항력 있는 선순위 임차인(말소기준권리보다 빠른 전입신고)

- 임차기간 동안 거주를 원해서 배당요구를 하지 않으면 낙찰자가 보증금을 전액 인수해야 한다.

- 보증금 반환을 원하면 확정일자가 있어야 하고, 배당요구를 완료해야 한다.

### 2) 대항력 없는 후순위 임차인(말소기준권리보다 늦은 전입신고)

- 매각과 동시에 임대차는 소멸하며, 명도 대상자로서 선택권이 없다.

- 소액임차인 최우선변제를 받기 위해서는 전입신고와 배당요구를 해야 한다.

---

**Case 1**  우선변제 또는 최우선변제 가능 여부

- **임차인현황**  ( 말소기준권리 : 2015.06.04 / 배당요구종기일 : 2020.06.23 )

| 임차인 | 점유부분 | 전입/확정/배당 | 보증금/차임 | 대항력 | 배당예상금액 | 기타 |
|---|---|---|---|---|---|---|
| 김※※ | 주거용 703호 전부 | 전입일자: 2017.06.12<br>확정일자: 2018.10.16<br>배당요구: 2020.06.18 | 보 50,000,000원<br>월 800,000원 | 없음 | 소액임차인 | |
| 기타사항 | \*현장을 방문하였으나 폐문부재로 소유자 및 점유자를 만나지 못하였는바, 출입문에 안내문을 부착하여 두었음. 한편, 해당 주소의 전입세대열람내역서 등에는 임차인으로 추정되는 세대가 등재되어 있음. | | | | | |

- **등기부현황**  ( 채권액 합계 : 309,200,000원 )

| No | 접수 | 권리종류 | 권리자 | 채권금액 | 비고 | 소멸여부 |
|---|---|---|---|---|---|---|
| 1(갑6) | 2015.06.04 | 소유권이전(매매) | 유※※ | | 거래가액:306,000,000 | |
| 2(을4) | 2015.06.04 | 근저당 | 국민은행<br>(오산지점) | 259,200,000원 | 말소기준등기 | 소멸 |
| 3(을6) | 2015.09.21 | 근저당 | 제이※※저축은행 | 30,000,000원 | 확정채권양도전:페퍼저축<br>은행 | 소멸 |
| 4(을7) | 2018.03.21 | 근저당 | 데미※※(주) | 20,000,000원 | | 소멸 |
| 5(갑13) | 2018.11.27 | 압류 | 오산시 | | | 소멸 |
| 6(갑15) | 2019.01.10 | 압류 | 동수원세무서 | | | 소멸 |
| 7(갑17) | 2020.04.09 | 임의경매 | 국민은행<br>(여신관리센터) | 청구금액:<br>215,573,798원 | 2020타경※※※※ | 소멸 |

이 경매 사건의 경우 임차인 김○○은 근저당보다 전입일이 늦은 후순위 임차인이다. 그러나 확정일자와 배당요구를 완료했기 때문에 확정일자부 우선변제는 받을 수 있지만, 확정일자가 2018년 10월 16일이라 그 이전에 설정된 3건의 근저당보다 늦기 때문에 배당에서 밀린다. 따라서 낙찰금액이 근저당 채권최고액 수준에서 이루어졌다면 임차인 김○○은 확정일자부 우선변제를 받지 못한다.

그럼, 김○○이 소액임차인 최우선변제를 받을 수 있는지 알아보자. 김○○의 보증금은 5,000만원이고 전입신고와 배당요구를 했으며, 해당 부동산은 '기타지역'에 위치해 있다. 그리고 최선순위 담보물건 설정일자는 2015년 6월 4일 국민은행의 근저당(말소기준권리)이며, 이 근저당 날짜가 소액임차인 최우선변제 기준일이 된다. 따라서 82쪽의 표에 적용해 보면 김○○의 임차보증금 5,000만원은 '2014년 1월 1일 ~ 2016년 3월 30일' 구간에 해당하여 '기타지역'의 보증금 상한액인 4,500만원을 초과하기 때문에 임차인 김○○은 최우선변제 또한 받지 못하게 된다.

## Case 2 전입신고보다 확정일자가 빠른 경우

- **임차인현황** ( 말소기준권리 : 2018.11.20 / 배당요구종기일 : 2020.06.03 )

| 임차인 | 점유부분 | 전입/확정/배당 | 보증금/차임 | 대항력 | 배당예상금액 | 기타 |
|---|---|---|---|---|---|---|
| 한※※ | 주거용 전부 | 전입일자: 2018.11.20<br>확정일자: 2018.11.02<br>배당요구: 2020.05.06 | 보 400,000,000원 | 없음 | 배당순위 있음 | |
| 기타사항 | ☞조사차 방문하였으나 거주자 등을 만나지 못하였고, 주민등록표등본에는 임차인으로 조사한 한※※ 세대가 등재되어 있으니 점유관계 등은 별도의 확인 바람. | | | | | |

- **등기부현황** ( 채권액합계 : 533,210,911원 )

| No | 접수 | 권리종류 | 권리자 | 채권금액 | 비고 | 소멸여부 |
|---|---|---|---|---|---|---|
| 1(갑6) | 2018.11.20 | 소유권이전(매매) | 백※※ | | 거래가액:838,000,000 | |

| 2(을7) | 2018.11.20 | 근저당 | 우리은행<br>(일산위시티지점) | 458,700,000원 | 말소기준등기 | 소멸 |
|---|---|---|---|---|---|---|
| 3(갑7) | 2019.12.05 | 압류 | 고양시 | | | 소멸 |
| 4(갑8) | 2019.12.17 | 가압류 | 전북신용보증재단 | 18,000,000원 | 2019카단 | 소멸 |
| 5(갑9) | 2020.02.18 | 가압류 | (주)카 | 30,100,600원 | 2020카단 | 소멸 |
| 6(갑10) | 2020.03.02 | 임의경매 | 우리은행<br>(여신관리부) | 청구금액:<br>416,077,740원 | 2020타경 | 소멸 |
| 7(갑11) | 2020.03.04 | 가압류 | 전북은행 | 26,410,311원 | 2020카단 | 소멸 |
| 8(갑12) | 2020.03.19 | 압류 | 국민건강보험공단 | | | 소멸 |

이 경매 물건의 임차인 한○○은 말소기준권리인 우리은행 근저당과 전입일이 같다. 이처럼 근저당과 전입일이 같은 경우에는 항상 근저당이 우선하는데, 임차인의 대항력은 전입신고를 한 다음 날 0시부터 효력이 발생하기 때문이다. 따라서 임차인 한○○은 후순위 임차인이고, 보증금이 4억원을 넘어가기 때문에 소액임차인 최우선변제도 받지 못한다.

그런데 특이한 점을 발견할 수 있는데, 전입일보다 확정일자가 빠르다는 것이다. 이런 경우 '주물과 종물의 법칙'에 따라 종은 주인을 따라다니기 때문에 확정일자가 빠르더라도 '전입일'을 기준으로 확정일자부 우선변제권을 적용받게 되어 우선변제를 받지 못한다. 참고로 확정일자 우선변제권 효력 발생 기준일은 다음과 같다.

- 1월 1일 인도 + 전입신고 → 1월 1일 확정일자를 받았다면 효력은 1월 2일 0시부터 발생
- 1월 5일 인도 + 전입신고 → 1월 1일 확정일자를 받았다면 효력은 1월 6일 0시부터 발생
- 1월 1일 인도 + 전입신고 → 1월 2일 확정일자를 받으면 효력은 1월 2일 0시부터 발생

이처럼 대항력과 확정일자 둘 다 갖췄을 때 우선변제권의 효력이 발생

하는데, 확정일자는 대항력 요건의 기준시점과 확정일자 중 늦은 날을 기준으로 효력이 발생한다. 또한 확정일자부 우선변제권을 행사하기 위해서는 반드시 '배당요구종기일 이내'까지 배당요구를 해야만 우선변제권을 행사할 수 있다는 것을 반드시 기억해야 한다.

---

**Tip** 임차인이 재전입한 경우 판례

임차인이 그 주택의 소재지로 전입신고를 마치고 입주하여 대항력을 취득한 다음 개인 사정으로 잠시 다른 곳으로 주민등록을 이전했다면 그 전출 당시 대항요건을 상실하게 되어 대항력은 소멸한다. 그리고 임차인이 다시 그 주택의 소재지로 주민등록을 이전했다면 대항력은 처음으로 소급하여 회복되는 것이 아니라 재전입한 때부터 새로운 대항력이 발생하며, 이 경우 전출 이전에 이미 임대차계약서상에 확정일자를 갖추었고 임대차계약도 재전입 전후를 통해 그 동일성을 유지한다면 임차인은 재전입시 임대차계약서상에 다시 확정일자를 받을 필요 없이 재전입 이후에 그 주택에 대해 담보물권(근저당)을 취득한 자보다 우선하여 변제받을 수 있다.

| | 대항력을 갖춘 상태에서 + 확정일자 받음 |
|---|---|
| **우선변제권** | 배당요구종기일 이내에 배당요구 신청 |
| | 배당요구종기일까지 전입 및 점유 유지 |

* 확정일자부 우선변제권은 경매절차를 통한 낙찰대금에서 '물권'(근저당)처럼 배당을 받을 수 있는 권리로, 경매 배당에 참여할 수 있는 티켓이라고 볼 수 있다.
* 확정일자가 없을 경우 대항력이 있거나 배당요구를 하더라도 배당에서 제외된다.

| | 임대차계약서 작성 |
| --- | --- |
| **대항력** | 주택의 인도(전입신고) : 이사, 이삿짐만 옮김, 열쇠로 잠가 둠 |
| | 전입신고를 한 경우 : 주민등록 이전, 임차인 본인뿐만 아니라 점유보조자(배우자, 자녀 등 가족)의 전입신고로 대항력 취득 |

* 주의사항 : 대항력(전입+점유)은 낙찰자가 매각대금 납부시까지 유지해야 한다 (단, 매각불허가가 됐거나 매각허가결정 취소 또는 낙찰대금 미납으로 인한 재매각시 전입신고를 다른 곳으로 이전했다면 앞선 경매에서의 대항력(전입신고) 여부는 인정되지 않는다).

## 3.
# 경매의 핵심은
# 세입자 배당

경매에 입찰하여 낙찰을 받고 법원에 낙찰대금을 모두 납부하면 낙찰자는 드디어 소유자가 되고, 온전한 소유권을 취득하게 된다. 이후 낙찰자는 소유자로서의 권리를 행사하여 명도에 임하게 된다. 이때 전문가들은 배당을 잘 알아야 경매를 완벽하게 이해할 수 있다고 이야기하지만, 배당은 단지 법원에서 공정한 분배를 위해 만들어 놓은 빚잔치(채권자들에게 돈을 공정하게 분배하는 행위) 도구일 뿐이다. 따라서 배당의 기본적인 내용을 잘 이해하고 몇 가지 특이한 케이스만 잘 숙지하면 어렵지 않게 끝낼 수 있다. 그럼, 이제 경매에서 가장 중요한 세입자 배당에 대해 살펴보자.

# 대항력이 있는 세입자 배당

사실상 배당은 입찰 전에 권리분석과 함께 확인해야 하는 중요한 부분이지만, 만약 세입자(임차인)가 없다면 크게 문제가 되지 않는다. 그도 그럴 것이 채무자가 점유하는 부동산은 말소기준권리를 잘 파악한 후 입찰하여 낙찰받는다면 말소기준권리 뒤에 있는 모든 권리는 소멸되고, 이후 법원에서 정해준 배당절차에 따라 채권자들에게 분배하면 끝나기 때문이다. 그럼, 세입자가 있는 경우는 어떻게 될까?

먼저 세입자는 ① 말소기준권리보다 빠른 대항력이 있는(선순위) 세입자가 있고 ② 말소기준권리보다 늦은 대항력이 없는(후순위) 세입자가 있다. 만약 ② 대항력이 없는 세입자라면 낙찰자는 세입자 배당에 대해 신경 쓰지 않고 입찰에 임하면 된다. 대항력이 없는 세입자의 경우 배당에서 자신의 보증금을 잃더라도 낙찰자에게 보증금을 요구할 수 없고, 인도명령(명도) 대상자로 분류되기 때문이다. 그러나 ① 대항력이 있는 임차인은 다르다.

'대항력이 있다'는 말은 경매로 소유자가 바뀌더라도 임대차 계약기간 동안 계속 거주(점유)할 수 있고, 제3자(낙찰자)에게 임차보증금 반환을 청구할 수 있다는 것이다. 하지만 이 경우 세입자가 그 권리를 주장하기 위해서는 세 가지 조건이 필요하다. ① 말소기준권리보다 빠른 전입신고 및 주택의 인도(대항력 부여), ② 확정일자(배당에서 우선변제 효력을 부여하는 권리) ③ 배당요구(법원에서 정한 배당요구종기일 전에 신고)를 완료하여 보증금에 대해 모두 배당을 받아간다면 그때는 문제가 되지 않는다.

그런데 만약 자신의 권리를 법원에 신고(배당요구 및 권리신고)한 세입자가 보증금에 대해 모두 배당을 받아가는 지위에 있으면서 낙찰자 겸 소유자에게 무리한 이사비를 요구하거나 여러 가지 조건을 제시하며 점유를 이전해 주지 않는다면 이는 매우 불합리하고 형평성에 어긋나는 일이다. 따라서 법에서는 선순위 임차인이 모두 배당을 받아간다면 인도명령(명도) 대상자로 분류한다. 즉, 낙찰자에게 대항할 수 없는 것이다.

결국 세입자 배당에서 가장 중요한 열쇠는 대항력 있는 세입자(말소기준권리보다 빠르게 전입신고를 마친 세입자)가 자신이 거주하는 부동산에 예치한 보증금을 모두 받아가느냐 그렇지 못하느냐에 달렸다. 그럼, 다양한 사례를 통해 세입자 배당에 대해 살펴보자.

## 대항력은 있지만, 확정일자가 없는 배당요구의 경우(서울시 기준)

**Case** 푸르지오아파트 낙찰금액 2억원(배당재원 2억원)

| | |
|---|---|
| **임차인** | 김순진<br>• 전입신고 : 2014년 2월 1일 보증금 1억원 (대항력 있는 임차인)<br>• 확정일자 : 없음 (우선변제권리 없음)<br>• 배당요구 : 있음 (배당요구종기일 전에 권리신고) |
| **등기부상 접수번호 순위** | • 1순위 : 국민은행 근저당 2015년 10월 11일 (1억원) 경매 신청자 (말소기준권리)<br>• 2순위 : 신한은행 근저당 2015년 10월 13일 (1억원)<br>• 3순위 : 현대캐피탈 가압류 2016년 1월 18일 |

| 배당순위 | • 1순위 : 국민은행 근저당 2015년 10월 11일 1순위 1억원 배당 후 소멸<br>• 2순위 : 신한은행 근저당 2015년 10월 13일 2순위 1억원 배당 후 소멸<br>• 3순위 : 현대캐피탈 가압류 2016년 1월 18일 3순위 배당잉여 금 없음(소멸) |
|---|---|

⋯› 대항력 있는 임차인 김순진의 보증금 1억원은 낙찰자 인수

저당권 상호 간에는 먼저 등기된(선순위) 저당권이 후순위 저당권보다 순위나 효력에 있어서 항상 우선하는 물권이므로 먼저 배당을 받고, 잉여가 있으면 후순위 권리자에게 배당한다.

이 경우는 대항력 있는 임차인 김순진이 확정일자를 받지 않아 배당을 받지 못하는 사례이다. 임차인 김순진의 보증금 1억원은 말소기준권리보다 전입이 빠른 대항력이 있는 임차인이지만 확정일자를 받지 않았기에 우선변제권이 없어 배당에 참여할 수 없다. 물론 주택임대차보호법에서 정한 '소액임차인 최우선변제'(소액임차인과 서민을 보호하기 위해 만들어진 법률로 확정일자는 요건이 아니며, ① 전입신고와 ② 배당요구를 완료하고 ③ 보증금이 법에서 정한 소액일 경우 보증금 중 일부를 다른 채권자들보다 최우선적으로 배당하는 제도이다)에 해당될 수 있지만, 이 케이스의 임차인 김순진은 임차보증금이 최우선변제금액 범위에 해당되지 않기 때문에 소액임차인 최우선변제로 배당을 받아가지 못한다. 따라서 최선순위 지위에 있는 임차인 김순진의 보증금(1억원)은 모두 낙찰자가 인수·부담해야 한다.

참고로 최우선변제 기준일은 임차인의 전입일자 기준이 아니라 '최선

순위 담보설정일자'(근저당)를 기준으로 한다. 이 케이스에서 최선순위 근저당 설정일은 2015년 10월 11일의 국민은행 근저당이며, 서울특별시 기준으로 9,500만원 이하일 경우 3,200만원까지 최우선변제를 받을 수 있다(82쪽 최우선변제 보증금 및 한도 참고). 그러나 김순진의 보증금은 9,500만원이 넘는 1억원이기 때문에 소액임차인 최우선변제에서도 제외된다.

## 대항력은 있지만, 말소기준권리보다 확정일자가 늦는 경우 (수원시 기준)

**Case** 현대빌라(다세대주택) 낙찰금액 1억원 (배당재원 1억원)

| | |
|---|---|
| **임차인** | 전한배<br>• 전입신고 : 2016년 4월 2일 보증금 5,000만원 (대항력 있는 임차인)<br>• 확정일자 : 2016년 5월 3일 (우선변제권리 있음)<br>• 배당신고 : 2017년 6월 10일 (배당요구종기일 전에 권리신고) |
| **등기부상 접수번호 순위** | • 1순위 : 2016년 4월 25일 근저당 신한은행 7,000만원 경매 신청자 (말소기준권리)<br>• 2순위 : 2016년 5월 1일 근저당 우리은행 2,000만원 |
| **배당순위** | • 1순위 : 임차인 전한배 소액임차인 최우선변제 5,000만원 중 2,700만원<br>• 2순위 : 근저당 신한은행 2016년 4월 25일 7,000만원 중 7,000만원 |

- 3순위 : 근저당 우리은행 2016년 5월 1일 2,000만원 중 300만원

···▸ 대항력 있는 임차인 전한배의 나머지 보증금 2,300만원은 낙찰자 인수

말소기준권리보다 전입일이 빠른 대항력 있는 임차인 전한배는 보증금 5,000만원 중 2,700만원(최우선변제)만 배당받고, 나머지 보증금 2,300만원은 낙찰자가 인수·부담하여야 한다. 왜냐하면 전입신고일(2016년 4월 2일)은 말소기준권리(4월 25일)보다 빠르나 확정일자(5월 3일)가 근저당(4월 25일 신한은행, 5월 1일 우리은행)보다 늦기 때문에 배당에서 밀린다. 이처럼 전입일자는 빠르나 확정일자가 말소기준권리(근저당)보다 늦는 경우 임차인이 배당받지 못한 나머지 금액(보증금)은 낙찰자가 '인수'한다. 이런 사례는 실무에서 흔치 않게 접하게 되니 유의하기 바란다.

## 전입일과 확정일자, 근저당(말소기준권리)이 같은 날인 경우(서울시 기준)

**Case** 삼성빌라 낙찰금액 1억원 (배당재원 1억원)

| 임차인 | 김경매<br>• 전입신고 : 2016년 3월 5일 보증금 5,000만원 (대항력 없는 임차인) |
| --- | --- |

| | • 확정일자 : 2016년 3월 5일 (우선변제권리 있음)<br>• 배당신고 : 2017년 1월 2일 (배당요구종기일 전에 권리신고) |
|---|---|
| 등기부상<br>접수번호 순위 | • 1순위 : 2016년 3월 5일 근저당 우리캐피탈 1억원 (말소기준<br>권리)<br>• 2순위 : 2017년 5월 16일 압류 현대카드 |
| 배당순위 | • 1순위 : 소액임차인 김경매 최우선변제 3,200만원<br>• 2순위 : 우리캐피탈 근저당 6,800만원 |

···▶ 임차인 김경매는 최우선변제(3,200만원)만 받고 소멸

임차인 김경매는 주택의 인도와 함께 전입신고 및 확정일자(3월 5일)를 받았으나 같은 날(3월 5일) 우리캐피탈에서 근저당을 설정한 경우에는 임차인보다 근저당권자가 먼저 배당을 받게 된다. 그 이유는 임차인이 대항력을 갖기 위해 주택의 인도를 받고 전입신고(주민등록)를 하면 다음 날 오전 0시가 대항력 발생시점이기 때문에 근저당권자보다 순위가 밀리게 된다.

따라서 임차인 김경매는 보증금 중 일부인 3,200만원(소액임차인 최우선변제금)을 배당받고 소멸하며, 후순위 압류권자인 현대카드도 배당 잉여가 없기 때문에 소멸한다.

# 전입일보다 확정일자가 빠른 경우

**Case** 자이아파트 낙찰금액 1억원

| | |
|---|---|
| **임차인** | 김이상<br>• 전입신고 : 2017년 2월 5일 보증금 미상<br>• 확정일자 : 2017년 1월 5일 (우선변제권리 있음)<br>• 배당신고 : 2017년 9월 5일 (배당요구종기일 전에 권리신고) |
| **등기부상<br>접수번호 순위** | • 2017년 2월 4일 근저당 하나은행 1억원 (말소기준권리) |
| **배당순위** | • 1순위 : 하나은행 근저당 1억원 |

···➔ 임차인 김이상은 대항력이 없어 배당을 받지 못한다.

전입신고(2월 5일)보다 확정일자(1월 5일)가 빠른 경우 확정일자 우선변제권은 전입신고일을 따라간다. 전입신고와 확정일자는 주종 관계로 보면 된다. 종이 주인을 따라가듯이 전입신고 없는 확정일자는 효력이 없고, 전입신고보다 빠른 확정일자는 전입일을 기준으로 우선변제권리가 발생한다. 따라서 이 사례의 경우 확정일자(1월 5일)는 전입일(2월 5일) 기준을 따라가 김이상의 전입일이 하나은행의 근저당(2월 4일)보다 늦기 때문에 배당을 받지 못하고 대항력도 없다(하나은행 1억원 모두 배당 후 잉여 없음).

위 네 가지 케이스는 경매 실무에서 흔히 접할 수 있는 사례이다. 실제 이런 물건들을 꼼꼼히 분석하지 못해 대항력 있는 세입자의 보증금을 인수하게 되는 실수를 범하여 입찰보증금 전액을 날리는 경우가 많다. 따라서 대항력 있는 세입자가 있다면 확정일자와 배당요구(매각물건 명세서를 통해 확인) 여부를 정확히 살펴보고, 그에 따른 보증금 인수 여부를 꼼꼼히 확인하기 바란다.

보증금을 인수해야 하는 물건을 오랫동안 들여다 보는 것은 기회비용 손실이다. 아니다 싶은 것은 과감히 넘겨버리고, 더 좋은 물건을 찾아 더 열심히 뛰면 된다.

# 4.

# 소유자가 세입자가 되는 점유개정

권리분석을 하다 보면 다양한 임차인의 점유 사례를 접하게 된다. 무상으로 거주하는 임차인부터 채무자(소유자)의 가족 또는 친척까지 채무자와 작전하여 경매를 방해할 목적으로 가짜 임차인을 들이는 사례도 종종 있다. 그래서 우리는 입찰을 준비하기에 앞서 소유자와 적법한 임대차계약을 통해 점유의 권원을 가지고 있는 임차인의 여부를 추적·조사해야 한다.

우선 주민센터에 방문해 실제 전입이 되어 있는 사람이 누구인지 서류를 열람하고(전입세대 열람), 물건지(경매 부동산)에 찾아가 세대를 방문하여 실제 임차인이 점유하고 있는지 확인하고, 관리사무소를 방문해 실제로 누가 살고 있는지 문의해 봐야 한다. 그렇게 하나하나 추적하다 보면 그 점유자가 임차인인지 아니면 채무자의 가족인지 알아낼 수 있다.

# 점유자 파악은 꼼꼼한 현장조사가 필수

경매는 하나의 사건을 퍼즐처럼 맞춰가는 과정이다. 그래서 재미있고, 사건의 퍼즐을 하나하나 맞춰 갈 때마다 엄청난 성취감이 든다. 그러나 혼자만의 힘으로 조각을 맞추는 건 한계가 있다. 따라서 지원군이 필요한데, 지원군은 현장을 다니다 보면 만날 수 있다. 경매 물건의 근처에 거주하는 이웃이나 공인중개사, 관리사무소 직원, 경비아저씨 등을 통해 해답을 얻을 수 있다.

필자는 경매 입문시절, 강원도에 위치한 아파트의 입찰을 위해 직접 임장을 갔다. 경매정보지를 통해 배당을 모두 받아가는 선순위 임차인이 있다는 사실은 확인했지만, 서류상 임차인 홍○○이 실제로 점유하고 있는지 또는 이사를 가 비어 있거나 다른 사람이 점유하는지 여부는 현장에 가야 확인할 수 있었다. 고속버스로 속초까지 이동한 후 시내버스를 갈아타고 목적지에 도착했다. 물건지에 도착해 보니 해변이 보이는 바닷가 앞 지대가 높은 곳에 위치한 아파트라 뷰가 환상적이었다.

**• 임차인현황** ( 말소기준권리 : 2007.02.02 / 배당요구종기일 : 2010.08.09 )

| 임차인 | 점유부분 | 전입/확정/배당 | 보증금/차임 | 대항력 | 배당예상금액 | 기타 |
|--------|----------|----------------|-------------|--------|--------------|------|
| 홍◯◯ | 주거용 전부 | 전입일자 : 2006.10.02<br>확정일자 : 2006.10.02<br>배당요구 : 2010.05.20 | 보 25,000,000원 | 있음 | 소액임차인 | 임차권등기자 경매신청인 |

임차인분석
- ▶임차인(신청채권자) 홍◯◯ ☞임차권등기 전액배당 안 되면 소멸되지 않음(대항력 있음).
- ☞조사외 소유자 점유
- ▶매수인에게 대항할 수 있는 임차인 있으며, 보증금이 전액 변제되지 아니하면 잔액을 매수인이 인수함

206호에 도착해 떨리는 마음으로 벨을 누르고 문 앞 가까이에 귀를 대봤다. 아무런 인기척이 들리지 않았다. 도착시간이 이른 오후라 저녁에 다시 가보기로 하고, 관리사무소에 찾아갔다. 그런데 가는 날이 장날이

라고 마침 관리소장은 개인적인 일로 며칠간 부재중이었다. 한적한 동네라 주변 사람도 없어 현관 앞에서 서성이던 도중 경비아저씨를 만났다.

"어르신 실례하겠습니다. 이 집을 좀 보러왔는데요. 이 집에 아무도 안 사나요?" "주말에 가끔 사람이 오긴 하는데, 글쎄요? 평소에 마주칠 일이 없어서…."라며 말을 흐렸다. 어쩔 수 없었다. 근처 커피숍에서 차 한 잔을 하며 저녁까지 기다리다 다시 물건지로 이동했다. 현관문 앞에 도착했을 때 옆집 문이 열렸다. 젊은 신혼부부가 예쁜 딸아이와 집 앞을 나서고 있어 조심스레 다가가 물었다.

"안녕하세요. 혹시 여기 사시나요?"

"네. 누구시죠?"

"아, 네. 저는 여기 옆집이 경매로 나와서 집을 보러 왔는데, 집에 사람이 없어서요. 혹시 여기 아무도 안 사시나요?"

"네! 저희도 주말에만 세컨드 하우스로 사용하고 있어서 이웃에 누가 사는지는 몰라요. 여기 입주자들 중에 세컨드 하우스로 사용하는 분들이 많다고 들었어요. 관리사무소에 문의해 보시죠."

질문에 대한 정확한 답을 들을 수는 없었지만 그래도 이 아파트 입주자 대부분이 세컨드 하우스로 사용한다는 답을 얻었다(실제 낙찰 후 명도과정에서 서울에 사는 임차인이 세컨드 하우스로 사용하고 있었던 사실을 알 수 있었다). 하지만 강원도까지 와서 이대로 돌아갈 수는 없었다. 필자는 아파트 1층의 베란다를 타고 올라가 2층 베란다 앞부분에 발을 걸치고 엉거주춤한 자세로 아파트 2층 내부를 살펴보았다. 어두워서 잘 보이지는 않았지만 거실이 아주 깔끔하고, 짐이라고는 소파 하나가 전부였다. 그런데 아래

쪽에서 손전등을 들고 호각을 불며 내려오라는 소리가 들렸다.

"당신 미쳤어? 빨리 안 내려와!" 옆집에서 도둑인 줄 알고 경비실에 신고를 한 것이다. 나는 내려와 경비아저씨에게 사정 설명을 하고, 낙찰을 받은 후 다시 오겠다는 포부를 남기고 발걸음을 돌렸다. 필자는 입찰에 도전해 차순위와 8만원 차이로 낙찰을 받았고, 얼마 지나지 않아 단기매도를 하여 수익을 올릴 수 있었다.

| 소 재 지 | 강원도 양양군 강현면 정암리 ○○.101동 2층 206호 도로명검색 | | | | | |
| --- | --- | --- | --- | --- | --- | --- |
| 물건종별 | 아파트 | 감 정 가 | 62,000,000원 | | | |
| 대 지 권 | 68.253㎡(20.647평) | 최 저 가 | (49%) 30,380,000원 | | | |
| 건물면적 | 38.638㎡(11.688평) | 보 증 금 | (10%) 3,040,000원 | | | |
| 매각물건 | 토지·건물 일괄매각 | 소 유 자 | (주)케××× | | | |
| 개시결정 | 2010-05-19 | 채 무 자 | (주)케××× | | | |
| 사 건 명 | 강제경매 | 채 권 자 | 홍××× | | | |

오늘조회: 1 2주누적: 0 2주평균: 0 조회동향

| 구분 | 입찰기일 | 최저매각가격 | 결과 |
| --- | --- | --- | --- |
| 1차 | 2010-11-01 | 62,000,000원 | 유찰 |
| 2차 | 2010-12-06 | 43,400,000원 | 유찰 |
| 3차 | 2011-01-10 | 30,380,000원 | |

낙찰: 42,200,000원 (68.06%)
매각결정기일: 2011.01.17 - 매각허가결정
대금지급기한: 2011.02.25
대금납부 2011.02.25 / 배당기일 2011.03.28
배당종결 2011.03.28

이 물건은 채무자 점유가 아닌 홍○○이라고 하는 선순위 대항력이 있는 임차인이 있었고, 모두 배당을 받아가는 임차인이기 때문에 큰 문제가 없었다. 낙찰 후 관리사무소를 통해 세입자의 연락처를 입수하고 유선상으로 명도를 마무리했다.

이렇듯 실제 점유권원이 있는 임차인은 현장조사와 서류 열람을 통해 점유권원을 확인할 수 있다.

# 점유개정의 열쇠는 등기부에 있다

그런데 문제는 소유자가 임차인이 되는 경우이다. 이를 점유개정이라고 하는데, 집주인(매도인)이 사정상 집을 팔지만 이사를 가지 않고 매수자(새로운 집주인)와 임대차계약을 한 후 임차인으로 계속 점유하는 것을 말한다. 이 경우는 전 소유자의 대항력 발생시점에 주의해야 한다.

**Case** 점유개정시 전 소유자의 대항력 발생시점

| | |
|---|---|
| 1 | 2018년 12월 24일 : 소유자 A / 주민등록 전입 완료 |
| 2 | 2019년 5월 5일 : 소유자 A가 B에게 이 주택을 매도하며 B에게 소유권 이전 |
| 3 | 2019년 5월 5일 : 매도자 A는 매수인이자 소유자 B와 임대차계약 체결과 동시에 확정일자를 받아 현재 점유하여 사용하고 있음(점유개정) |
| 4 | 2019년 5월 5일 : B는 주택 매수 당일 ○○은행에서 부족한 주택 구입자금을 일부 빌리고 ○○은행은 B의 주택에 근저당을 설정함 |
| 5 | 2020년 11월 11일 : 소유자 B의 채무불이행으로 ○○은행이 임의경매 개시 결정 |

이 사례는 소유자 A가 B에게 주택을 매도함과 동시에 임대차계약을 체결하여 집주인에서 임차인으로 지위가 변경되었다. 이런 경우 A는 임차인으로서 대항력 효력이 언제부터 발생하느냐가 중요하다. 주택임대차보호법에서는 '임차인의 대항력은 대항요건(주택인도 + 전입신고)을 갖춘 다음 날 0시부터 발생한다'고 정하고 있어 전 소유자 A의 대항

력은 2019년 5월 5일의 다음 날 0시부터 대항력이 발생한다. 이처럼 점유개정시 임차인이 대항력을 갖게 되는 시기는 새로운 소유자의 소유권 이전등기가 된 다음 날이 된다. 따라서 이 경우 2019년 5월 5일 같은 날 설정된 ○○은행 근저당과 경합하면 A는 후순위 임차인으로 대항력이 없으며 인도명령 대상자가 된다.

실무에서 경매 물건을 검색하다 보면 이와 같은 점유개정 사례를 종종 접할 수 있다. 사정상 자신의 집을 팔고 동시에 임차인의 신분으로 전환하여 거주하는 사람들이 의외로 많다. 이러한 점유개정의 물건을 접한 경우 전 소유자의 최초 전입일을 보고 선순위 대항력 있는 임차인으로 오판할 수 있다. 또한 경매정보지에는 현 소유자에 대해서만 공시하고 있기 때문에 전 소유자의 전입일자가 근저당보다 빠른 경우 선순위로 생각하고 지나치는 일들이 많다. 따라서 권리분석시 선순위 임차인이 있지만, 현 소유자가 주택을 담보로 대출을 받았다면 반드시 등기부를 살펴보기 바란다.

금융기관은 주택담보 대출 전 심사를 통해 임차인 여부를 파악하고 대출금액을 결정하기 때문에 만약 선순위 임차인이 있다면 금융회사는 대출을 실행하지 않는 경우가 많다. 따라서 이러한 점유개정의 경우 전 소유자가 선순위 임차인으로 보이더라도 등기부 '갑구'를 살펴보면 소유자 변경을 알 수 있고, 선순위 임차인으로 생각했던 세입자가 전 소유자라는 사실을 확인할 수 있다. 이처럼 점유개정의 키는 등기사항전부증명서에 있다.

# 5.

# 전세권

전세권은 우리나라에만 있는 특별한 제도이다. 임차인(세입자)은 임대인(집주인)에게 일정한 전세보증금을 예치하고, 그 대가로 일정 기간 주택을 사용·수익한다. 또한 세입자는 자신의 보증금을 무사히 반환받기 위한 안전장치로 전세 계약 후 임대인의 동의를 얻어 전세권 등기를 진행하여 물권적 전세권(사용·수익·처분이 가능한 권리)을 취득한다.

그러나 과거에는 관습상 임대인의 동의가 어려웠고, 전세 공급량이 부족한 시기에는 임대인이 '갑'의 지위에 있었기 때문에 대출이 많아도 "아무 문제 없다"는 임대인의 말만 믿고 계약을 할 수밖에 없었다. 하지만 그로 인해 임차인이 세 들어 살던 집이 경매로 넘어가는 순간, 선순위 근저당권자(금융사)가 모두 배당을 받아가고 세입자는 대항력이 없어 보증금을 한 푼도 받지 못하고 쫓겨나기 일쑤였다.

이처럼 민법에서는 임대차계약의 사회적·경제적 약자인 임차인의 권리를 보호하기 어려운 면이 많았고, 이를 보완하기 위해 민법의 '특별법'으로 주택임대차보호법을 제정하여 민법보다 상위에 존재하도록 규정했다. 이후 임차인은 전세나 월세 계약 후 가까운 주민센터에 방문해 계약서에 전입신고와 확정일자 도장을 받으면 전입날짜로 대항력과 채권적 전세권을 취득할 수 있게 되었다.

| 물권적 전세권 | 전세금을 지급하고 다른 사람의 부동산을 일정 기간 그 용도에 따라 사용·수익한 후 전세금의 반환을 받을 권리(민법) |
| --- | --- |
| | • 등기사항전부증명서 '을구'에 등기<br>• 집주인의 동의가 필요함<br>• 등기비용 부담<br>• 전세권자가 보증금을 반환받지 못하면 경매 신청 가능(임의경매)<br>• 전세권 설정등기를 한 경우 대항력 있음, 양도 가능<br>• 선순위 전세권 : 배당요구 有 → 소멸<br>　　　　　　　　　　배당요구 無 → 낙찰자 인수 |
| 채권적 전세권 (임차권) | 임대차계약에 있어서 임차인이 임차 목적물을 사용·수익할 수 있는 권리(주택임대차보호법) |
| | • 등기사항전부증명서에 등기되지 않음(임대차기간 만료 후 보증금을 반환받지 못하면 임차인 단독으로 임차권 등기 가능)<br>• 비용이 들지 않음<br>• 처리가 간단하고 집주인의 동의 필요 없음<br>• 전입과 점유로 대항력 발생<br>• 임대인이 보증금을 반환하지 않는 경우 소액심판 후 확정판결을 받아 경매 신청 가능(강제경매)<br>• 인도＋전입신고(대항력 있음, 다음 날 0시부터 효력 발생)<br>• 채권이지만 소유자가 바뀌어도 임차인 권리 주장 가능<br>• 선순위 임차권 : 배당요구 有 → 전액을 변제받지 못하면 낙찰자가 인수 |

# 두 개의 얼굴 '전세권'

경매 입찰을 준비하는 초보투자자들은 전세권을 특히 조심해야 한다. 두 개의 얼굴을 가지고 있는 권리이기 때문이다. 권리분석시 후순위 임차권(말소기준권리보다 전입일이 늦은 세입자)이나 후순위 전세권은 모두 소멸되어 신경 쓰지 않아도 되지만, 선순위 전세권이 있을 때는 주의 깊게 살펴보아야 한다.

먼저 전세권의 성격에 대해 알아보면, 전세권은 물권적 전세권과 주택임대차보호법에 의해 물권적 성격을 가지는 채권적 전세권이 존재한다. 말소기준권리보다 앞선 선순위로 설정된 전세권자가 ① 배당요구를 했거나 ② 직접 경매를 신청했다면 전세권이 말소기준권리가 된다. 즉, 두 가지 요건 중 하나라도 충족한다면 낙찰자가 전세권자의 보증금과 전세권자의 대항력 및 권리를 '인수'해야 한다.

여기서 주의할 점은 간혹 전세권이 집 전체가 아닌 '주택 일부'에만 설정된 경우이다. 특히 다가구주택은 집주인이 상층부에 거주하며, 법적으로 1개의 건물이지만 불법으로 각 호실을 구분하여 세대를 쪼개는 경우가 흔하다(80~90년대 건축된 3층짜리 건물을 떠올리면 된다). 이런 경우는 말소기준권리가 될 수 없으므로 주의해야 한다. 반면 아파트는 주택 일부만 점유하는 경우는 흔치 않고, 대부분 부동산 전체에 전세권이 설정된다.

정리하자면 선순위 전세권자가 모두 말소기준권리가 되는 것이 아니라 ① 주택 전부를 점유하여 사용하는 전세권자가 임의경매를 신청하거나 ② 배당요구를 하는 경우에만 말소기준권리가 된다.

## 전세권이 말소기준권리로 되는 경우

| 순위 | 권리관계 | 권리자 | 소멸 여부 |
|------|----------|--------|-----------|
| 1 | 전세권(건물 전체) | 갑 | 말소기준권리 |
| 2 | 가등기 | 을 | 소멸 |
| 3 | 저당권 | 병 | 소멸 |
| 4 | 경매개시결정등기(임의경매) | 갑 | 경매신청채권 |

### Tip 전세권의 소멸 여부

1) 말소기준권리보다 나중에 설정된 전세권(후순위 전세권) : 말소기준권리보다 나중에 설정된 전세권은 경매절차에서 보증금의 전액을 배당받았는지 여부와 상관없이 무조건 소멸하고 매수인(낙찰자)에게 인수되지 않는다. 전세권이 저당권의 실행에 의해 소멸하는지 여부는 경매를 신청한 저당권자를 기준으로 하지 않고, 그 부동산의 최선순위 저당권과 전세권 설정의 순위에 따라 결정된다.

| 순위 | 권리관계 | 권리자 | 소멸 여부 |
|------|----------|--------|-----------|
| 1 | 1번 저당권 | 갑 | 말소기준권리 |
| 2 | 전세권 | 을 | 소멸 |
| 3 | 2번 저당권 | 병 | 소멸 |
| 4 | 경매개시결정등기(임의경매) | 병 | 경매신청채권 |

2) 말소기준권리보다 먼저 설정된 전세권(선순위 전세권) : 말소기준권리보다 먼저 설정된 전세권은 후순위 저당권자 등이 경매를 신청하더라도 전세권은 소멸되지 않지만, 선순위 전세권자가 경매신청 또는 배당요구를 하면 매각으로 소멸한다.

**· 임차인현황** ( 말소기준권리 : 2017.12.14 / 배당요구종기일 : 2019.12.27 )

| 임차인 | 점유부분 | 전입/확정/배당 | 보증금/차임 | 대항력 | 배당예상금액 | 기타 |
|---|---|---|---|---|---|---|
| 전※※ | 주거용 비208호 전부 | 전입일자: 2017.11.29<br>확정일자: 2017.11.29<br>배당요구: 없음 | 보 100,000,000원 | 있음 | 매수인 인수 | 선순위전세권등기자 |

| 임차인분석 | ■임차인 전※※가 본건 목적물 전부를 점유하고 있다고 함<br>■임차인의 전화 설명과 주민등록표등본을 참고로 하여 조사함<br>■전※※ 전세권설정등기일은 2017. 12. 11.임<br>■대항력 있는 임차인 보증금전액을 매수인이 인수함 |
|---|---|

**· 등기부현황** ( 채권액합계 : 390,000,000원 )

| No | 접수 | 권리종류 | 권리자 | 채권금액 | 비고 | 소멸여부 |
|---|---|---|---|---|---|---|
| 1(갑1) | 2012.01.20 | 소유권이전(매각) | 조※※ | | 임의경매로 인한 매각 | |
| 2(을7) | 2017.12.11 | 전세권(전부) | 전※※ | 100,000,000원 | 존속기간: ~2019.12.28 | 인수 |
| 3(갑2) | 2017.12.14 | 가압류 | 김민※ | 170,000,000원 | 말소기준등기<br>2017카단※※※※※ | 소멸 |
| 4(갑3) | 2018.03.02 | 가압류 | 유※※ | 120,000,000원 | 2018카단※※※※※ | 소멸 |
| 5(갑4) | 2019.10.17 | 강제경매 | 김연※ | 청구금액:<br>100,000,000원 | 2019타경※※※※※ | 소멸 |

| 주의사항 | ▶ 매각허가에 의하여 소멸되지 아니하는 것 · 을구 순위 7번 전세권설정등기(2017.12.11.등기)는 말소되지 않고 매수인에게 인수됨 |
|---|---|

이 경매 사건을 살펴보면 채권적 전세권(전입신고 + 확정일자를 취득한 임차인)과 물권적 전세권(임대인의 동의를 얻어 등기부 을구에 전세권 등기 완료)을 모두 설정한 전○○ 세입자가 있다. 그러나 두 가지 권리를 득한 임차인 전○○은 208호 주거용 전부를 점유하였으나 ① 배당요구를 하지 않았으며 ② 경매도 신청하지 않았다(경매는 김연○이 강제경매 신청). 따라서 세입자 전○○은 낙찰자가 인수·부담해야 하는 임차인이며, 이 사건의 경우 입찰하면 안 된다.

• **임차인현황** ( 말소기준권리 : 2018.03.30 / 배당요구종기일 : 2020.08.31 )

| 임차인 | 점유부분 | 전입/확정/배당 | 보증금/차임 | 대항력 | 배당예상금액 | 기타 |
|---|---|---|---|---|---|---|
| 안××× | 주거용 전부 | 전입일자: 2006.11.29<br>확정일자: 미상<br>배당요구: 2020.06.09 | 보 170,000,000원 | 있음 | 배당순위 있음<br>미배당보증금<br>매수인 인수 | 선순위전세권등기자.<br>경매신청인 |

☞채권자 겸 임차인 안×××에게 문의함.

임차인분석    ☞안×××안×××는 전세권자로서 전세권설정등기일은 2018.3.30.임.
    ▶매수인에게 대항할 수 있는 임차인 있으며, 보증금이 전액 변제되지 아니하면 잔액을 매수인이 인수함

• **등기부현황** ( 채권액합계 : 1,959,865,750원 )

| No | 접수 | 권리종류 | 권리자 | 채권금액 | 비고 | 소멸여부 |
|---|---|---|---|---|---|---|
| 1(갑8) | 2018.03.30 | 소유권이전(매매) | 강××× | | 거래가액:240,000,000 | |
| 2(을1) | 2018.03.30 | 전세권(전부) | 안××× | 170,000,000원 | 말소기준등기<br>존속기간:<br>2018.1.4~2020.1.3 | 소멸 |
| 3(갑9) | 2018.06.14 | 가압류 | 이××× | 192,365,750원 | 2018카단××××× | 소멸 |
| 4(갑10) | 2018.07.27 | 가압류 | 이××× | 250,000,000원 | 2018카합××××× | 소멸 |
| 5(갑11) | 2018.07.27 | 가압류 | 김××× | 1,347,500,000원 | 2018카합××××× | 소멸 |
| 6(갑13) | 2020.04.20 | 압류 | 동구(광주광역시) | | | 소멸 |
| 7(갑15) | 2020.06.09 | 임의경매 | 안××× | 청구금액: 170,000,000원 | 2020타경××××× | 소멸 |
| 8(갑16) | 2020.07.06 | 압류 | 국민건강보험공단 | | | 소멸 |
| 9(갑17) | 2020.07.15 | 압류 | 광주세무서장 | | | 소멸 |

이 사례는 아주 중요한 내용이다. 간혹 선순위 전세권자가 경매를 신청하면 당연히 말소기준권리로 판단하고 입찰에 도전했다가 전세권자의 보증금을 모두 물어주는 상황을 맞이하게 될 수 있기 때문이다. 이 경매 사건은 ① 전입신고(주택임대차보호법) ② 전세권(민법) 등기를 완료한 임차인 안○○이 점유하는 경매 물건이다. 안○○의 전입일자는 2006년 11월 29일이며(대항력은 다음 날 0시 발생), 전세권 설정일은 2018년 3월 30로 선순위 전세권자이다. 그리고 현재 전세권에 의한 임의경매를 신청하였기 때문에 전세권은 말소기준권리로 소멸한다. 만약 낙찰금액이 작아 보증금에 대해 전액 배당을 받지 못하더라도 무조건적인 소멸이다. 그러나 채권적 전세권이 살아 있다. 주택임대차보호법에서 임차인에게 부여하는 또 다른 권리로 전입신고에 의한 대항력이

문제가 된다. 이 경우 안○○이 자신의 보증금에 대해 전액 배당을 받지 못한다면 안○○은 낙찰자에게 대항력에 대한 권리를 주장하며 자신의 보증금을 청구할 수 있다(이처럼 전세권의 권리와 전입신고에 의한 대항력의 권리는 각각 별개이다).

임차인 안○○은 채권적 전세권(전입신고)을 완료했고, 등기부의 어떤 권리보다도 전입일자(2006년 11월 29일)가 빠르다. 보통 전세권은 보증금을 모두 배당받지 못해도 소멸하지만, 말소기준권리보다 빠른 전입신고에 의한 대항력은 상실하지 않는다. 따라서 안○○의 물권적 전세권은 소멸하지만, 채권적 전세권을 통해 대항력을 유지하며 자신의 보증금을 변제받을 때까지 낙찰자에게 대항할 수 있다. 이처럼 주택임대차보호법은 서민을 보호하기 위해 만들어진 법률이기 때문에 대항력에 있어서 전세권보다 더 강력한 권리를 부여하고 있다.

그런데 여기서 한 가지 의문점이 생긴다. 소유자 강○○이 소유권을 이전하기 전부터 안○○이 이전 소유자에게 해당 부동산을 임차하여 점유하고 있다는 점이다. 이 경우 '임차인의 대항력은 소유자가 변경되는 경우 새로운 소유권을 이전한 다음 날 0시부터 다시 대항력이 발생하는 것인가?'에 대한 의문이다. 만약 그렇다면 강○○의 소유권 이전일은 2018년 3월 30일이기 때문에 임차인 안○○의 대항력은 2018년 3월 31일 0시부터 발생해야 한다. 그러나 답은 '아니다'이다. 임차인의 대항력은 소유자가 변경되더라도 2006년 11월 30일 0시부터 발생하며(대항력은 주택의 인도와 전입을 요건으로 전입일 다음 날 0시부터 대항력 발생) 유지된다. 즉, 임차주택의 양수인(매수인)은 이전 소유자(매도자/

임대인)의 지위를 승계한 것으로 보는 것이다. 참고로 미등기 건물에 전입한 임차인도 대항력이 인정된다.

## 임차권과 전세권의 비교

| | 임차권 (인도＋전입신고＋확정일자) | 전세권 |
|---|---|---|
| 법적 성격 | 임대차보호법 | 민법 |
| 주인의 동의 | 동의 필요 없음 | 동의 필요 |
| 신청 장소 | 주민센터, 법원 등기소, 공증법인 | 법원 등기소 |
| 효력발생요건 및 시기 | 인도＋전입신고＋계속거주 | 설정등기만 하면 되고, 거주 불필요 |
| 비용 | 600원 | 1억원 기준 25만원 전후 |
| 보증금 반환 불이행시 | 보증금 반환소송 후 경매신청 가능(강제경매) | 소송없이 즉시 경매신청 가능(임의경매) |
| 경매 배당금 신청 | 배당금 신청해야 함 | 배당신청 없이도 순위에 따라 배당 |
| 경매시 효력범위 | 토지와 건물 포함하여 효력 | 건물에만 효력 |
| 묵시적 갱신 | 전 임대차와 동일한 조건과 기간으로 계약된 것으로 본다. 임차인이 계약해지시 3개월 후 효력 발생 | 기간을 정함이 없는 것으로 본다. 임대인 또는 임차인이 계약해지 요청시 6개월이 지나면 전세권 소멸 |

*인도＋전입신고 = 대항력 발생 : 대항요건을 갖춘 임차인은 주택 소유자가 바뀌더라도 새로운 소유자에게 임대차계약의 존속을 주장할 수 있고, 계약기간 종료 후 주택 인도와 동시에 보증금을 반환받을 수 있는 권리
*확정일자 = 우선변제권 : 임차하여 거주하는 집이 경매로 넘어가는 경우 우선적으로 내 보증금에 대해 배당받을 수 있는 권리

# 6.

# 가등기

　가등기는 크게 '소유권이전청구권가등기'와 '담보가등기'로 분류하며, ① 매매예약을 하기 위해 등기하지만 ② 금전채권을 담보하기 위해 등기하기도 한다. 일반적으로 경매 물건에 설정된 후순위 가등기는 ① ②를 구분하지 않고 소멸되지만, 선순위 가등기는 그렇지 않다. 즉, 선순위 가등기가 소유권이전청구권가등기이면 낙찰자가 '인수'하고, 담보가등기이면 '소멸'한다. 그런데 여기서 주의할 점은 경매시 표기되는 가등기는 모두 '소유권이전청구권가등기'로 표기된다는 것이다. 그럼, ① ②를 이해하기 위해 각각의 예를 들어 살펴보자.

# 소유권이전청구권가등기

A는 B가 소유하고 있는 우아한아파트를 매수하기로 했다. 그런데 A는 우아한아파트를 매수하기 위한 계약금 정도는 있었지만, 당장 잔금을 치를 수 없는 사정이 있었다. 그래서 A는 B에게 협조를 구해 매매가격에 대한 계약금 20%를 먼저 지급하고, 나머지 80% 잔금은 약 1년 뒤에 지급하는 조건으로 아파트 매매계약을 체결했다. 참고로 A는 부동산 전문가로 우아한아파트가 속한 지역이 교통 호재로 향후 부동산 가격이 엄청나게 폭등할 것을 예상하고 있었다. 따라서 부동산에 대한 지식과 안목이 전무하던 B의 변심을 막고자 계약금 지급과 동시에 B와 협의하여 '소유권이전청구권가등기'를 설정했다.

그리고 A의 예상대로 1년 뒤 우아한아파트의 가격은 폭등했고, 계약 시점보다 약 두 배 이상 올랐다. 당연히 B는 배가 아프다 못해 속았다는 생각이 들었고, A에게 계약금에 대한 배액 상환을 조건으로 계약을 해지하겠다고 통보했지만 이미 A는 약속한 잔금날짜에 B의 계좌로 잔금을 송금하고, 소유권이전청구권가등기(매매예약)에 따른 본등기(소유권이전)를 청구했다. 이처럼 B가 계약금 배액 상환을 하더라도 A가 가등기에 따른 본등기를 청구한다면 약속대로 소유권을 넘겨줘야 한다.

그런데 만약 A가 B의 우아한아파트에 계약과 동시에 소유권이전청구권가등기를 설정한 상황에서 B의 세금 체납으로 계약 후 6개월 만에 경매가 진행되었다고 가정해 보자. 이 경우 C가 낙찰을 받아 소유권 이전을 완료해도 A의 소유권이전청구권가등기는 말소되지 않고, 실제 A가

본등기를 진행할 경우 C는 소유권(낙찰받은 권리)을 상실하게 된다. 이처럼 소유권이전청구권가등기는 소유권을 목적으로 하는 권리이다 보니 그 효력은 어떤 권리보다 강력하다.

# 담보가등기

A는 금전이 필요해 지인 B에게 돈을 빌리고, 그 담보로 B는 A가 소유한 우아한아파트에 가등기를 설정했다(담보가등기). 이후 A가 약속한 날짜를 어기고 차용한 금전을 갚지 않는 경우 B는 가등기에 따른 임의경매를 신청하게 되고, 그 가등기는 근저당과 같은 효력으로 변경되어 선순위 가등기권자라면 말소기준권리가 되고, 후순위 가등기권자라면 배당에 참가하여 배당을 받게 된다. 또한 다른 채권자가 경매를 신청한 경우에도 가등기권자가 법원에 채권신고를 통해 담보가등기임을 신고하면 우선변제권이 인정되어 낙찰과 동시에 말소된다. 즉, 선순위 가등기권자가 ① 임의경매를 신청하거나 ② 배당요구 또는 법원에 채권신고를 완료했다면(담보가등기) 낙찰과 함께 소멸한다. 담보가등기는 소유권을 목적으로 하지 않고 채권을 변제받기 위한 담보 제공을 목적으로 하기 때문이다.

# 소유권이전청구권가등기와 담보가등기의 구분

이처럼 소유권이전청구권가등기와 담보가등기는 등기사항전부증명서의 표시로 판단하는 것이 아니라 사실상의 가등기 목적에 따라 구분하고, 가등기 채권자의 신고 내용으로 판단해야 한다. 따라서 경매 진행 중인 부동산에 선순위 가등기가 설정되어 있다면 매각물건명세서와 문건송달내역(문건처리내역)을 통해 가등기권자가 배당요구 또는 채권계산서를 제출했는지(채권 신고) 확인하고 판단하는 것이 매우 중요하다.

## 소유권이전청구권가등기 vs 담보가등기

| 항목 | 소유권이전청구권가등기 | 담보가등기 |
|---|---|---|
| 설정 목적 | 소유권이전을 청구하기 위해 설정 | 금전채권을 담보하기 위한 목적 |
| 법원 신고 여부 등 | 법원에 담보가등기가 아니라는 취지로 신고하거나 아무런 신고를 하지 않음 | 법원에 배당요구 신청 |
| 낙찰시 권리관계 | 말소기준권리보다 선순위일 때 낙찰자가 부담 승계 | 소멸 |

• **등기부현황** (채권액합계 : 150,000,000원)

| No | 접수 | 권리종류 | 권리자 | 채권금액 | 비고 | 소멸여부 |
|----|------|----------|--------|----------|------|----------|
| 1(갑1) | 2015.08.25 | 소유권보존 | 송⬚⬚ | | | |
| 2(갑2) | 2016.06.20 | 소유권이전 청구권가등기 | 우⬚⬚ | | 말소기준등기 매매예약 | 소멸 |
| 3(갑3) | 2016.09.22 | 압류 | 동울산세무서 | | | 소멸 |
| 4(갑4) | 2019.09.30 | 강제경매 | 유⬚⬚ | 청구금액:150,000,000원 | 2019타경⬚⬚⬚⬚ | 소멸 |
| 5(을3) | 2020.01.14 | 주택임차권(전부) | 유⬚⬚ | 150,000,000원 | 전입:2016.02.04 확정:2016.02.05 | |
| 6(갑5) | 2020.09.21 | 압류 | 중구(울산광역시) | | | 소멸 |

⬚ **문건처리내역**

| 접수일 | 접수내역 | 결과 |
|--------|----------|------|
| 2019.09.27 | 채권자 유OO 접수증명 | |
| 2019.09.30 | 채권자 유OO 보정서 제출 | |
| 2019.10.01 | 등기소 울OOOOO OOO 등기필증 제출 | |
| 2019.10.14 | 기타 류OO 감정평가서 제출 | |
| 2019.10.14 | 교부권자 동OOOOO 교부청구서 제출 | |
| 2019.10.23 | 채권자 유OO 권리신고 및 배당요구신청서 제출 | |
| 2019.11.04 | 집행관 박OO 현황조사보고서 제출 | |
| 2019.11.06 | 배당요구권자 서OOOOO OOOO 권리신고 및 배당요구신청서 제출 | |
| 2019.12.11 | 교부권자 울OOOO OO 교부청구서 제출 | |
| 2020.01.08 | 채권자 유OO 보정서 제출 | |
| 2020.06.05 | 교부권자 동OOOOO 교부청구서 제출 | |
| 2020.07.06 | 가등기권자 우OO 배당기일연기신청서 제출 | |
| 2020.07.06 | 가등기권자 우OO 권리신고 및 배당요구신청서 제출 | |

이 경매 물건은 등기부 접수번호(접수일자) 2번에 가등기가 설정되었다. 명칭은 '소유권이전청구권가등기'로 표기되어 있는데, 이 가등기가 담보를 목적으로 설정되었는지 아니면 소유권을 목적으로 설정되었는지 확인해야 한다. 등기부에는 담보가등기인 경우에도 소유권이전청구권가등기로 표기되기 때문이다. 따라서 가등기권자가 ① 임의경매를 신청했는지(이 사건은 유○○이 강제경매 신청) ② 법원에 배당신고를 했는지 여부를 확인해야 한다. 그 이유는 선순위 가등기권자가 ① ② 중 하나라도 신청한다면 담보가등기이기 때문이다.

이 케이스에서 선순위 가등기권자 우○○은 2020년 7월 6일 해당 경매 법원에 방문해 권리신고 및 배당요구신청서를 제출했다. 즉, 받을 금전이 있어 배당에 참가하겠다는 의사표시를 한 것이다. 따라서 선순위 가등기권자 우○○의 가등기(담보가등기)는 말소기준권리가 되며, 낙찰과 함께 소멸된다.

**Case 2** 소유권이전청구권가등기 이전에 말소기준권리가 있는 경우

· **등기부현황**

| No | 접수 | 권리종류 | 권리자 | 채권금액 | 비고 | 소멸여부 |
|---|---|---|---|---|---|---|
| 1(갑1) | 2015.08.17 | 소유권보존 | 허⊗⊗⊗ | | 가처분등기의 촉탁으로 인하여 | |
| 2(갑4) | 2016.07.20 | 압류 | 김해시 | | 말소기준등기 | 소멸 |
| 3(갑6) | 2017.07.10 | 소유권이전청구권가등기 | 최⊗⊗⊗. 손⊗⊗⊗ | | 매매예약. 각 1/2 | 소멸 |

이 경매 물건은 압류권자가 강제경매를 신청한 경우로, 말소기준권리는 접수일자가 가장 빠른 2번의 압류이다. 따라서 말소기준권리 원칙에 따라 후순위 권리는 모두 소멸하며, 접수일자 3번 후순위 소유권이전청구권가등기도 낙찰과 함께 소멸된다.

# 7.

# 가처분

이제 권리분석시 가장 부담이 되는 권리 중 하나인 가처분에 대해 살펴보자.

가처분은 말소기준권리에 해당하지 않는 권리이지만, 선순위 가처분은 '인수주의 원칙'에 따라 낙찰자가 인수할 수 있으므로 주의해야 한다. 또한 가처분은 후순위 가처분이라도 예외적으로 경매로 소멸하지 않는 경우도 있다. 그 이유는 가처분은 소송(피보전권리) 내용에 따라 그 분류가 다양하며, '인수'할 수 있는 가처분과 '말소'되는 가처분으로 나뉘진다. 따라서 모든 가처분이 '인수'된다고 판단하여 무심코 지나친다면 큰 수익을 낼 수 있는 물건을 놓치게 된다.

그럼, 다양한 사례를 통해 가처분의 인수와 말소에 대해 알아보자.

# 이혼에 따른 재산 분할을 원인으로 하는 가처분

'이혼에 따른 재산 분할'을 원인으로 하는 가처분은 부부가 이혼하게 되면서 부부 일방 명의(남편)로만 보유하던 부동산이 이혼소송의 판결로 1/2로 분할된 경우 그 상대방(처)은 자신의 재산권을 보호하기 위해 1/2에 대한 처분을 금지시키고 소유권을 이전하라는 가처분을 진행할 수 있다. 그리고 이때 그 상대방(처)이 강제경매를 진행하는 경우 선순위 가처분은 낙찰자가 '인수'하지 않는다. 즉, 선순위 가처분권자가 강제경매를 신청한 경우 낙찰자가 인수하지 않는다.

**• 토지등기부**

| No | 접수 | 권리종류 | 권리자 | 채권금액 | 비고 | 소멸여부 |
|----|------|----------|--------|----------|------|----------|
| 1(갑1) | 1988.09.30 | 소유권이전(매매) | 이상X | | | |
| 2(갑5) | 2013.11.19 | 가처분 | 이춘X | 이혼으로 인한 재산분할청구권, 대구가정법원 포항지원<br>2013즈단X 시간검색 | | |
| 3(갑6) | 2017.08.29 | 강제경매 | 이춘X | 청구금액:<br>262,202,715원 | 말소기준등기<br>2017타경X | 소멸 |

| 순위번호 | 등 기 목 적 | 접 수 | 등 기 원 인 | 권리자 및 기타사항 |
|----------|-------------|-------|-------------|---------------------|
| 5 | 가처분 | 2013년11월19일<br>제101218호 | 2013년11월19일<br>대구가정법원<br>포항지원의<br>가처분결정(201<br>3즈 ) | 피보전권리 이혼으로 인한 재산분할청구권<br>채권자 이춘X 480606-*******<br>　　경북 포항시 북구 삼호로 X .105동<br>　　606호(항구동, X )<br>금지사항 매매, 증여, 전세권, 저당권,<br>　　임차권의 설정 기타일체의 처분행위<br>　　금지 |
| 6 | 강제경매개시결정 | 2017년8월29일<br>제63293호 | 2017년8월29일<br>대구지방법원<br>포항지원의<br>강제경매개시결<br>정(2017타경X ) | 채권자 이춘X 480606-*******<br>　　포항시 북구 삼호로 X . 105동 606호<br>　　(항구동, X ) |

이혼에 따라 가처분을 설정하고, 그 선순위 가처분권자가 승소하여 자신의 재산 1/2에 대해 강제경매를 신청한 경우 그 가처분은 낙찰과 함께 소멸한다. 이 사건은 남편 개인명의로 되어 있는 부동산을 이혼과 함께 처가 재산분할 소송을 진행했고, 처는 법원의 확정판결을 받아 부동산을

환가 작업하기 위해 강제경매를 신청했다. 따라서 처는 매각대금에서 배당을 받기 때문에 가처분은 당연히 소멸한다.

## 매매를 원인으로 하는 가처분

매도자와 매수자가 부동산을 거래하면서 매수자가 잔금을 모두 지급했음에도 불구하고 매수자에게 소유권을 넘겨주지 않는 경우 매수자는 매도자의 이중계약(또 다른 제3자에게 매매 및 처분 행위)을 막기 위해 처분금지 가처분이나 소유권이전을 명령하는 가처분을 신청하기도 한다.

다음의 경우는 가처분권자가 경매를 신청하지 않고, 신○○이 강제경매를 신청한 사건으로 낙찰자는 선순위 가처분을 '인수'해야 한다.

**• 건물등기부** (채권액합계 : 2,210,000,000원)

| No | 접수 | 권리종류 | 권리자 | 채권금액 | 비고 | 소멸여부 |
|----|------|---------|--------|---------|------|---------|
| 1(갑1) | 2017.05.01 | 소유권보존 | ㈜에쓰※※※건설 | | 가처분등기의 촉탁으로 인하여 | |
| 2(갑2) | 2017.05.01 | 가처분 | 김※※ | 매매를 원인으로 한 소유권이전등기청구권.울산지방법원 2017카합※※. 내용보기 사건검색 | | 인수 |
| 3(갑3) | 2017.08.30 | 강제경매 | 신※※ | 청구금액: 80,306,849원 | 말소기준등기 2017타경※※※※ | 소멸 |

가처분권자 김○○은 ㈜에스○○건설에게 분양대금을 모두 완납했으나 ㈜에스○○건설이 소유권을 넘겨주지 않아 매매를 원인으로 한 소유권이전등기청구권 가처분을 신청했다. 이 경우 김○○의 선순위 가처분은 말소기준권리가 아니기 때문에 낙찰자가 인수해야 한다.

# 보전이유 소멸에 의한 가처분

가처분권자가 소유권을 취득하는 경우이다. 이런 경우 '가처분 보전이유의 소멸과 혼동'으로 선순위 가처분은 말소된다.

다음의 경우 박○○이 신축 아파트를 분양받았지만 건설회사(문○○)가 소유권을 넘겨주지 않아 소유권이전등기청구에 대한 가처분을 신청했고, 박○○으로 소유권을 이전하였기 때문에 목적을 달성하였으므로 가처분은 당연히 말소된다.

**· 등기부현황**

| No | 접수 | 권리종류 | 권리자 | 채권금액 | 비고 | 소멸여부 |
|---|---|---|---|---|---|---|
| 1(갑1) | 2004.06.11 | 소유권보존 | 문✕✕✕ | | 가처분등기의 촉탁으로 인하여 | |
| 2(갑2) | 2004.06.11 | 가처분 | 박✕✕✕ | 분양계약에 기한 부동산소유권이전등기청구권.수원지방법원 2004카합✕✕✕ [사건검색] | | 인수 |
| 3(갑4) | 2006.11.21 | 소유권이전 | 박✕✕✕ | | 판결 | |
| 4(갑8) | 2019.08.06 | 강제경매 | 예✕✕✕건설(주) | 청구금액: 22,264,775원 | 말소기준등기 2019타경✕✕✕✕✕✕✕ | 소멸 |

분양에 따른 가처분자가 소유권을 이전한 경우 그 가처분은 말소된다.


# 근저당권설정등기청구권을 보전하기 위한 가처분

선순위 가처분권자가 근저당권설정등기청구권을 보전하기 위한 경우이다.

다음의 경우 소유자 이○○은 해당 토지에 주택 신축을 위해 윤○○에게 토지를 담보로 돈을 빌리고 윤○○은 토지등기부 접수일자 2016년

4월 6일, 2016년 12월 22일에 근저당을 설정하며(2건), 추가 약정으로 주택 신축 후 그 건축물에 대해서도 공동담보(주택에 대해)로 추가 근저당을 설정하기로 약속했다. 그러나 소유자 이○○이 주택 보존등기를 마치지 못하고 부도가 나자 후순위 근저당권자 윤○○은 담보력 강화를 위해 '추가근저당권설정등기청구권' 가처분을 건축주이자 건물주인 소유자 이○○ 앞으로 촉탁등기를 법원에 신청하여 이○○의 건축물 소유권 보존등기 후 그 건축물에 대해서도 근저당을 설정했다. 건축물에 근저당을 설정하기 위해서는 당연히 등기사항전부증명서가 있어야 하기 때문이다. 건물등기부 접수번호 4, 5번을 살펴보면 윤○○은 건축물에 근저당을 설정했고, 근저당에 의한 임의경매를 신청했다.

• **토지등기부**  (채권액합계 : 1,694,633,680원)

| No | 접수 | 권리종류 | 권리자 | 채권금액 | 비고 | 소멸여부 |
|---|---|---|---|---|---|---|
| 1(갑3) | 2015.03.06 | 공유자전원지분전부이전 | 이⊗⊗ | | 매매 | |
| 2(을5) | 2015.03.06 | 근저당 | 엔⊗⊗홀딩스 유한회사 | 910,000,000원 | 말소기준등기 확정채권양도전·축변수협 | 소멸 |
| 3(갑4) | 2015.11.02 | 가압류 | (주)가⊗ | 200,000,000원 | 2015카단⊗⊗⊗⊗⊗⊗ | 소멸 |
| 4(을10) | 2016.04.06 | 근저당 | 김⊗⊗ | 150,000,000원 | | 소멸 |
| 5(을10) | 2016.04.06 | 근저당 | 윤⊗⊗ | 75,000,000원 | | 소멸 |
| 6(을11) | 2016.12.22 | 근저당 | 윤⊗⊗ | 150,000,000원 | | 소멸 |
| 7(을11) | 2016.12.22 | 근저당 | 노⊗⊗ | 75,000,000원 | | 소멸 |
| 8(갑5) | 2017.04.05 | 소유권이전 | 이⊗⊗·문⊗⊗ | | 진정명의회복, 각 1/2 | |
| 9(갑6) | 2017.09.21 | 임의경매 | 윤⊗⊗ | 청구금액: 100,000,000원 | 2017타경⊗⊗⊗⊗⊗⊗ | 소멸 |

• **건물등기부**  (채권액합계 : 850,000,000원)

| No | 접수 | 권리종류 | 권리자 | 채권금액 | 비고 | 소멸여부 |
|---|---|---|---|---|---|---|
| 1(갑1) | 2018.06.22 | 소유권보존 | 이⊗⊗ | | 가처분 등기의 촉탁으로 인하여 | |
| 2(갑2) | 2018.06.22 | 가처분 | 윤⊗⊗ | 추가근저당권설정등기청구권, 의정부지방법원 2018카단⊗⊗⊗ [내용보기] [사건검색] | | 인수 |
| 3(을1) | 2018.07.12 | 근저당 | 김우⊗ | 150,000,000원 | 말소기준등기 | 소멸 |
| 4(을1) | 2018.07.12 | 근저당 | 윤⊗⊗ | 75,000,000원 | | 소멸 |
| 5(을1) | 2018.07.12 | 근저당 | 윤⊗⊗ | 150,000,000원 | | 소멸 |
| 6(을1) | 2018.07.12 | 근저당 | 노⊗⊗ | 75,000,000원 | | 소멸 |
| 7(을2) | 2018.07.12 | 근저당 | 김은⊗ | 300,000,000원 | | 소멸 |
| 8(갑3) | 2018.08.01 | 임의경매 | 윤⊗⊗ | 100,000,000원 | 2018타경⊗⊗⊗⊗⊗ | 소멸 |

| 【 갑 　구 】 | （ 소유권에 관한 사항 ） | | | |
|---|---|---|---|---|
| 순위번호 | 등 기 목 적 | 접 　수 | 등 기 원 인 | 권리자 및 기타사항 |
| 1 | 소유권보존 | | | 소유자 이◯◯ 720622-*******<br>경기도 의정부시 의정로◯◯◯.<br>301호(가능동,◯◯◯빌라)<br>가처분 등기의 촉탁으로 인하여<br>2018년6월22일 등기 |
| 2 | 가처분 | 2018년6월22일<br>제54948호 | 2018년6월20일<br>의정부지방법원<br>의<br>가처분결정(201<br>8카단◯◯◯) | 피보전권리 추가근저당권설정등기청구권<br>채권자 윤◯◯ 560110-*******<br>서울특별시 강남구 논현로◯◯◯ 101동<br>705호(논현동,◯◯◯아파트)<br>금지사항 매매, 증여, 전세권, 저당권,<br>임차권의 설정 기타일체의 처분행위<br>금지 |

윤◯◯은 가처분 소송을 통해 목적한 바와 같이 건축물에 대해서도 근
저당을 설정했고 그 근저당에 따라 임의경매를 신청했으므로 윤◯◯의
가처분은 '소멸'한다.


# 점유이전금지를 목적으로 하는 가처분

'점유이전금지가처분'은 낙찰받은 부동산의 점유자에게 점유이전을
금지시키는 권리로 실무에서 많이 사용되는데, 필자도 낙찰과 동시에 대
금 납부를 진행하며 신청하는 경우가 많다. 보통 낙찰받은 부동산에 점
유자가 있는 경우 그 점유자를 지정하여 인도명령(강제집행) 신청을 하게
되는데, 그 점유자가 또 다른 제3자에게 점유를 이전하거나 자신이 점유
하여 사용하던 공간을 타인에게 양도할 경우(예를 들어 채무자가 자신의 친척
이나 지인에게 점유를 이전하는 경우) 또다시 그 타인에 대해 인도명령(강제집
행)을 신청해야 하는 번거로움이 발생한다. 이런 번거로움을 막고 무의
미한 수고를 덜기 위해 낙찰과 동시에 불법점유자에 대해 점유이전금지

가처분을 신청하는데, 점유자를 움직이지 못하게 묶는 '법령'으로 이해하면 된다.

점유이전금지가처분은 낙찰받은 부동산의 대금 납부와 동시에 신청하는 것이 유리하다. 그래야만 신속한 강제집행을 할 수 있다.

## 소유권 또는 근저당의 말소를 청구하는 가처분

가처분은 소유권의 말소를 청구하는 가처분과 근저당의 말소를 청구하는 가처분도 있다. 경매 입문자의 경우 가처분이 후순위라면 아무 문제가 없을 것이라고 판단하여 입찰을 고려한다. 그러나 거기에 함정이 있을 수 있다. 만약 말소기준권리의 말소를 청구하기 위한 가처분이라면 상황이 달라지기 때문이다. 추후 본안소송에서 가처분권자가 승소한다면 말소기준권리(근저당)는 당연히 소멸하고, 가처분권자의 순위가 상승하며 그 가처분은 낙찰자가 '인수'해야 한다. 다음과 같은 경우이다.

* **등기부현황** (채권액합계 : 6,000,000,000원)

| No | 접수 | 권리종류 | 권리자 | 채권금액 | 비고 | 소멸여부 |
|---|---|---|---|---|---|---|
| 1(갑6) | 2016.06.28 | 소유권이전(매매) | (주)디지︙︙ | | 거래가액:1,000,000,000 | |
| 2(을1) | 2016.07.12 | 근저당 | 배︙︙ | 6,000,000,000원 | 말소기준등기 | 소멸 |
| 3(을1) | 2017.07.05 | 배︙︙근저당권가처분 | (주)비엔︙︙ | 사해행위 취소에 의한 근저당권설정등기 말소등기 청구권, 수원지방법원 2017카단︙︙ 사건검색 | | 소멸 |
| 4(갑8) | 2017.08.02 | 압류 | 서울특별시영등포구 | | | 소멸 |
| 5(갑9) | 2018.01.30 | 압류 | 용인시 | | | 소멸 |
| 6(갑12) | 2018.08.10 | 압류 | 국민건강보험공단 | | | 소멸 |
| 7(갑14) | 2020.04.21 | 압류 | 역삼세무서장 | | | 소멸 |
| 8(갑15) | 2020.06.05 | 강제경매 | 배︙︙ | 청구금액: 150,000,000원 | 2020타경︙︙ | 소멸 |
| 관련정보 | [관련사건] 대여금-부산동부지원 2017차전︙︙ 지급명령 내용보기 사건검색 | | | | | |

이 경매 물건의 권리관계를 살펴보면 배○○이 설정한 근저당은 말소기준권리로, 근저당보다 접수번호가 늦은 모든 후순위 권리는 낙찰과 동시에 소멸(말소)한다. 그러나 자세히 살펴보면 접수번호 3번 ㈜비엔○○ 가처분권자는 '배○○의 근저당은 소유자인 ㈜디지○○과 짜고 허위로 설정한 근저당이다'라고 주장하며, 말소를 청구하고 있다. 만약 가처분권자인 ㈜비엔○○이 본안소송에서 승소한다면 배○○의 근저당은 사해행위로 말소되고 가처분권자가 1순위로 순위 상승하기 때문에 낙찰자가 '가처분'을 인수해야 한다.

원칙적으로 경매법원은 선순위 가처분이 존재하는 경우 경매절차를 중지하고 본안소송 결과에 따라 경매를 처리하는 것이 일반적이지만, 실무에서는 빠른 경매절차를 위해 그 위험성을 '매각물건명세서'에 공시하고 신속하게 경매를 진행하기도 한다. 따라서 이와 같은 경우는 매우 조심해야 한다. 단순히 1번에 선순위 가처분이 있는 경우 인수이며, 말소기준권리보다 늦은 후순위 가처분은 말소한다고 생각하고 입찰하면 자칫 입찰보증금을 전부 날릴 수 있다. 이처럼 소송과 연관된 가처분이 있는 경우 그 가처분이 무엇을 가지고 소송을 제기했는지 자세히 살펴봐야 한다.

## 건물철거 및 토지인도청구권보전을 위한 가처분

건물철거 및 토지인도청구권보전을 위한 가처분은 선순위와 후순위를 따지지 않고 무조건 '인수'해야 한다.

• 토지등기부 　(채권액합계 : 286,000,000원)

| No | 접수 | 권리종류 | 권리자 | 채권금액 | 비고 | 소멸여부 |
|---|---|---|---|---|---|---|
| 1(갑13) | 2012.05.22 | 소유권이전(매각) | 박XX | | 강제경매로 인한 매각 2010타경XXX을번3 | |
| 2(을6) | 2012.05.22 | 근저당 | 웹릭XX(주) | 286,000,000원 | 말소기준등기<br>확정채권양도:전:화곡신협 | 소멸 |
| 3(갑15) | 2019.04.19 | 임의경매 | 웹릭XX(주) | 청구금액:<br>222,530,922원 | 2019타경XXX | 소멸 |
| 4(갑16) | 2019.10.07 | 압류 | 중구(서울특별시) | | | 소멸 |

• 건물등기부 　(채권액합계 : 603,823,669원)

| No | 접수 | 권리종류 | 권리자 | 채권금액 | 비고 | 소멸여부 |
|---|---|---|---|---|---|---|
| 1(갑1) | 2009.07.02 | 소유권보존 | 이XX | | | |
| 2(갑1) | 2011.08.17 | 근저당 | 대한제당(주) | 50,000,000원 | 말소기준등기 | 소멸 |
| 3(갑2) | 2013.06.14 | 가처분 | 박XX | | 토지인도 및 건물철거 청구권, 서울중앙지방법원 2013<br>카단XXX 내용보기 사건검색 | 인수 |
| 4(갑5) | 2017.11.16 | 가압류 | 신용보증기금 | 391,500,000원 | 2017카단XXX | 소멸 |
| 5(갑6) | 2017.11.24 | 가압류 | 경기신용보증재단 | 85,000,000원 | 2017카단XXX | 소멸 |
| 6(갑7) | 2018.01.19 | 압류 | 안산세무서 | | | 소멸 |
| 7(갑8) | 2018.03.27 | 가압류 | 서울보증보험(주) | 47,609,150원 | 2018카단XXX | 소멸 |
| 8(갑9) | 2018.03.28 | 가압류 | 서울보증보험(주) | 29,714,519원 | 2018카단XXX | 소멸 |
| 9(갑10) | 2018.06.11 | 압류 | 안산시 | | | 소멸 |
| 10(갑11) | 2018.06.28 | 임의경매 | 대한제당(주) | 청구금액:<br>50,000,000원 | 2018타경XXX | 소멸 |

| 소 재 지 | 서울특별시 중구 광희동XXX 외 1필지 도로명검색 □지도 □지도 | | | | |
|---|---|---|---|---|---|
| | | | | 오늘조회: 1 2주누적: 1 2주평균: 0 조회동향 | |
| 물건종별 | 대지 | 감 정 가 | 543,390,000원 | 구분 입찰기일 최저매각가격 결과 | |
| 토지면적 | 30.7㎡(9.287평) | 최 저 가 | (51%) 278,216,000원 | 1차 2011-12-21 543,390,000원 유찰<br>2차 2012-02-01 434,712,000원 유찰<br>3차 2012-03-07 347,770,000원 유찰 | |
| 건물면적 | 건물은 매각제외 | 보 증 금 | (10%) 27,821,600원 | 4차 2012-04-04 278,216,000원 | |
| | | | | 낙찰: 315,175,200원 (58%) | |
| 매각물건 | 토지만 매각 | 소 유 자 | 나XX | (입찰3명,낙찰:서초구방배동 박XXX/<br>차순위금액 301,330,000원) | |
| 개시결정 | 2010-12-10 | 채 무 자 | 나XX | 매각결정기일 : 2012.04.11 - 변경<br>매각결정기일 : 2012.04.12 - 매각허가결정<br>대금지급기한 : 2012.05.21 - 기한후납부 | |
| 사 건 명 | 강제경매 | 채 권 자 | 윤XX.하나은행 | 배당기일 : 2012.07.24<br>배당종결 2012.07.24 | |

관련사건 2011타경XXX(중복)

이 토지 낙찰자 겸 소유자 박○○은 2012년 5월 22일 강제경매로 토지를 낙찰받았고, 낙찰 당시 토지 위에 건축물이 있었으며 건축물의 소유자와 토지 소유자가 동일하지 않기 때문에 법정지상권은 성립하지 않았다. 이후 박○○은 자신의 토지 위에 낙찰 전부터 건축물을 신축하여 적법한 권한 없이 건물을 소유하고 있는 이○○에게 토지 인도와 함께 건물철거 가처분을 신청했다. 당연히 점유하는 동안의 부당이득반환청구(지료 청구)를 포함해 '건물처분금지가처분'을 통해 이○○이 건물을 제3자에게 점유를 이전하더라도 토지 소유자 박○○이 본안소송에서 승소한다면 새로운 점유자에게도 건물 철거와 인도를 받을 수 있다. 즉, 이 경우 제3자가 경매로 건축물을 낙찰받더라도 그대로 철거당할 수 있다.

# 8.

# 법정지상권

법정지상권은 경매에서만 적용되는 특별한 권리로, 경매로 인해 토지와 건물의 소유자가 달라졌을 때 건물의 소유자가 토지를 이용할 수 있는 권리를 말한다. 많은 경매 투자자들은 '법정지상권이 성립하지 않는 물건을 찾아야 수익을 낼 수 있다'고 말하지만, 실제로는 법정지상권이 성립하는 물건을 잘 찾으면 10배 이상의 수익을 만들 수 있다. 조금 황당한 이야기처럼 들리겠지만 그렇지 않다.

일반적으로 계약에 의한 지상권은 주택 임대차계약과 다를 바 없다. 예를 들어 필자가 주택을 전세나 월세로 사용하려면 집주인과 임대차계약(전·월세)을 체결하고 주택을 사용하면 된다. 그런데 주택이 아닌 토지를 빌려 사용하려면 지상권 계약을 하는 것이 유리하다. 이해를 돕기 위해 전, 답을 빌려 농사를 짓는다고 가정해 보자. 사과나무와 배나무를 심어 과수원을 운영한다면 매년 경작행위를 통해 열매를 수확하게 된다.

그런데 주택과 같이 토지를 4년 단위로 계약한다면 묘목을 심고 나무가 자라 열매가 열리기까지 너무 오랜 시간이 걸리고, 이후에는 매년 주기적으로 열매를 수확해야 하기 때문에 계약 갱신 및 체결에 대한 문제로 분쟁이 발생할 수 있다. 따라서 이러한 경우에는 목적물의 특성에 따라 15~30년까지 장기로 약정하여 지상권 계약을 체결하는 것이 유리하다.

그럼, 여기서 예를 하나 추가로 들어보자. 필자가 토지를 빌려 지상권 계약을 체결하고, 과수원을 운영하며 그 위에 목조주택을 신축하여 점유하고 사용하다 토지주(토지 임대인)의 문제로 토지만 경매로 넘어갔다. 그리고 A가 토지를 낙찰을 받았다면 필자는 A와 재계약을 하거나 A가 그 토지를 직접 사용한다면 철거 소송의 대상이 되어 쫓겨나야 하는 신세가 되어버린다. 그런데 만약 토지가 경매로 넘어가더라도 지상물(건물, 수목)을 법에서 정한 일정 기간 동안 사용할 수 있다면 어떨까? 이것이 바로 법에서 정한 '법정지상권'이다.

## 법정지상권의 성립요건

법정지상권이 성립하기 위해서는 몇 가지 요건이 필요한데, 먼저 법정지상권의 성립기준을 알아보자.

> **민법 제366조(법정지상권)**
>
> 저당물의 경매로 인하여 토지와 그 지상건물이 다른 소유자에 속한 경우에는 토지 소유자는 건물 소유자에 대하여 지상권을 설정한 것으로 본다. 그러나 지료는 당사자의 청구에 의하여 법원이 이를 정한다.

법정지상권은 계약에 의해 성립하는 것이 아니다. 토지 또는 건물에만 제한물권(저당권)이 설정되어 있다가 그 후에 어떠한 사정(경매)으로 토지와 건물이 소유자를 달리하게 된 때에 건물 소유자를 위해 법률로 인정하는 지상권을 말한다. 따라서 등기사항전부증명서에 공시되지 않고, 다음의 조건만 충족하면 성립한다(강행규정).

1) 최초 저당권 설정 당시 토지와 건물(수목)이 동일 소유자여야 한다. → A건물(소유자 갑), B토지(소유자 갑)

2) 저당권 설정 당시 건물이 존재해야 한다. → 건물은 기둥 또는 벽과 지붕이 있고 토지에 정착되어 있는 건축물이면 인정하며, 이동이 가능한 컨테이너나 토지주가 토지의 대출을 받고 난 후 건축물(공작물)을 신축한 경우 법정지상권은 성립하지 않는다.

3) 토지와 건물 중 어느 한 쪽에 저당권이 설정된 후 '경매'로 인해 토지 소유자와 건물 소유자가 달라져야 한다. → A건물(소유자 갑), B토지(소유자 갑) → B토지에만 근저당 설정 → 저당권 실행으로 토지만 경매(소유자 을로 변경)

이처럼 법정지상권은 건축물의 소유와 유지를 위해 인정되는 것으로, 위와 같은 요건이 충족된다면 법정지상권은 성립한다. 그리고 앞에서 필자가 '법정지상권이 성립하는 물건이 좋다'라고 언급한 데에는 조건이 붙는다. 토지만 입찰한다는 전제조건으로 접근해야 한다. 이제 그 이유를 알아보도록 하자.

## 법정지상권, 건물보다 토지에 답이 있다

보통 법정지상권이 성립할 수 있는 건축물(지상물)을 경매로 낙찰받아 법정지상권이 인정되면 그 건축물은 법에서 정한 기간 동안 토지사용료(지료)를 지급하며 사용할 수 있다(공작물 5년, 보통 건축물 15년, 견고한 건축물은 30년 동안 토지주에게 토지사용료를 지불하고 사용할 수 있다). 그런데 건축물의 경우는 법정지상권이 성립하더라도 파손이나 노후되어 훼손되거나 멸실되었다면 그 사용가치를 상실하여 본래의 목적대로 사용할 수 없게 된다(ex. 쓰러져 가는 농가주택, 지방의 노후된 여관, 훼손되어 버린 창고나 공장 등). 즉, 법정지상권이 성립하는 건축물이 있더라도 실제 사용할 수 없는 건축물이 많다는 것이고, 이 부분이 우리가 주목해야 할 부분이다.

참고로 대법원 판례(대판 96다40080)에 의하면 민법 제366조의 법정지상권이 성립한 후에 건물을 개축 또는 증축하는 경우는 물론 건물이 멸실되거나 철거된 후에 신축하는 경우에도 법정지상권은 성립한다. 다만 그 법정지상권의 범위는 구 건물을 기준으로 하여 그 유지 또는 사용을 위해 일반적으로 필요한 범위 내의 대지 부분에 한정된다. 이 내용을 참고하며 다음 사례를 살펴보자.

**Case 1** 낙찰받은 토지 위에 노후된 건물이 있는 경우

**• 건물등기부** ( 채권액합계 : 914,000,000원 )

| No | 접수 | ※주의 : 건물은 매각제외 | | 채권금액 | 비고 | 소멸여부 |
|---|---|---|---|---|---|---|
| 1(갑1) | 1994.03.17 | 소유권보존 | 김◯◯◯ | | | |
| 2(갑2) | 2017.05.31 | 소유권이전(매매) | 손◯◯◯ | | | |
| 3(을1) | 2017.05.31 | 근저당 | 경기남부수협 | 864,000,000원 | | |
| 4(을2) | 2017.12.12 | 근저당 | 정◯◯◯ | 50,000,000원 | | |
| 5(갑4) | 2019.01.23 | 압류 | 국민건강보험공단 | | | |

**• 토지등기부** ( 채권액합계 : 974,000,000원 )

| No | 접수 | 권리종류 | 권리자 | 채권금액 | 비고 | 소멸여부 |
|---|---|---|---|---|---|---|
| 1(갑3) | 2017.05.31 | 소유권이전(매매) | 손◯◯◯ | | | |
| 2(을1) | 2017.05.31 | 근저당 | 경기남부수협 | 864,000,000원 | 말소기준등기 | 소멸 |
| 3(을2) | 2017.05.31 | 지상권(토지의전부) | 경기남부수협 | | 존속기간:<br>2017.5.31~2047.5.31<br>만30년 | 소멸 |
| 4(을3) | 2017.06.05 | 근저당 | 박◯◯◯ | 60,000,000원 | | 소멸 |

| 물건종별 | 대지 | 감정가 | 1,177,905,000원 | 오늘조회: 1 2주누적: 0 2주평균: 0 조회동향 | | | |
|---|---|---|---|---|---|---|---|
| | | | | 구분 | 입찰기일 | 최저매각가격 | 결과 |
| 토지면적 | 413.3㎡(125.023평) | 최저가 | (70%) 824,534,000원 | 1차 | 2019-03-29 | 1,177,905,000원 | 유찰 |
| | | | | 2차 | 2019-05-03 | **824,534,000원** | |
| 건물면적 | 건물은 매각제외 | 보증금 | (10%) 82,453,400원 | 낙찰 : 830,000,000원 (70.46%) | | | |
| 매각물건 | 토지만 매각 | 소유자 | 손◯◯◯ | (입찰1명,낙찰:인천 문◯◯◯) | | | |
| | | | | 매각결정기일 : 2019.05.10 - 매각허가결정 | | | |
| 개시결정 | 2018-09-21 | 채무자 | 손◯◯◯ | 대금지급기한 : 2019.06.11 | | | |
| | | | | 대금납부 2019.05.31 / 배당기일 2019.07.18 | | | |
| 사건명 | 임의경매 | 채권자 | 박◯◯◯ | 배당종결 2019.07.18 | | | |

이 경매 물건은 ① 최초 수협은행 근저당 설정 당시 토지와 건축물의 소유자가 손◯◯으로 동일하고, ② 근저당 설정 당시 일부 멸실되어 사용가치를 상실한 것으로 판단되는 건축물이 존재하며, ③ 경매를 통해 문◯◯이 토지만 낙찰받아 토지와 건축물의 소유자가 달라졌다. 이 경우

토지 낙찰자는 건축물 소유자인 손○○에게 암묵적으로 법정지상권을 설정한 것으로 본다.

그렇다면 건축물 소유자 손○○은 토지를 무상으로 사용할 수 있을까? 세상에 공짜는 없다. 현재 건축물 소유자인 손○○은 법에서 정한 토지사용료를 문○○에게 지불해야 한다. 토지사용료는 당사자가 합의하여 정하지만, 합의가 되지 않는 경우 법원에 지료청구소송을 제기하면 법원에서 지정한 감정평가법인 두 곳에서 조사·평가하여 지료를 정한다. 이때 통상 지목이 '전'과 '답'인 경우 감정가 기준 3%, 지목이 '대'인 경우 감정가의 5~7% 선에서 토지사용료를 정한다. 그런데 경제적 자력이 없어 은행 이자도 내지 못해 토지 경매를 당한 손○○이 사진과 같이 노후되어 멸실되어 가는 주택을 사용하기 위해 토지사용료를 낸다는 건

상식적이지 않은 일이다.

따라서 손○○은 ① 낙찰자가 철거비를 부담하는 조건으로 건축물 철거에 합의해 주거나 ② 건축물을 유지·사용하기 위해 토지사용료를 지불하는 두 가지 방법 중 하나를 택해야 한다. 그런데 만약 당신이 노후된 주택의 소유자라면 어떠한 선택을 하겠는가? 실익이 없는 건물을 수선하여 유지할 것인가? 아니면 소정의 합의금을 지급받고 철거에 동의해 주겠는가? 필자의 경험상 건축물에 법정지상권이 성립하더라도 대다수의 건물주가 그 사용가치가 없음을 인지하고, 건물주가 낙찰자에게 매수신청을 하는 경우가 일반적이었다.

그리고 이때 건축물을 사용하기 위해 토지사용료를 지급하기로 약정하는 경우 만약 지료를 연체한다면 자비는 없을 것이다. 낙찰자가 토지의 소유권을 이전한 날로부터 2년간 토지사용료를 연체할 경우 법정지상권은 소멸(법정지상권은 형성권으로, 상대방의 의사와 무관하게 법정지상권이 소멸될 수 있다)하고, 토지사용료 연체를 이유로 건물철거 및 토지인도 소송을 제기할 수 있다. 이때 당연히 건축물의 소유자가 변경되는 것을 방지하기 위해 건물 철거를 전제로 처분을 금지하는 '가처분'을 설정하는 동시에 부당이득반환에 대한 소송(토지사용료 미납)을 제기하여 건축물을 압류하고 경매로 넘긴다면 이 건축물은 토지 소유자 외에 누구도 입찰하지 못하고 결국 최저가로 유찰되어 토지 소유자가 단독으로 낙찰받을 수 있게 되는 것이다.

이렇게 시세 대비 80~90%까지 할인(유찰)된 금액으로 낙찰을 받고, 건축물 낙찰 잔금 중 일부는 받지 못한 토지사용료와 상계처리한 후 나머지 금액을 법원에 납부하면 끝이다. 이처럼 법정지상권이 성립하는 토지만 확보한다면 결국 이겨놓고 싸우는 게임을 할 수 있다.

이제 토지 위에 법정지상권이 성립하는 부동산이 있더라도 겁을 먹거나 성급해 할 필요가 없다. 매월 따박따박 토지사용료를 받고, 매년 당신의 연봉보다 몇 배나 많게 시세가 상승하는 땅을 지켜보며 기뻐하게 될 것이다. 토지는 낙찰시점부터 계속 오르기 때문이다.

---

**Tip** 법정지상권 성립 토지 낙찰 후 출구전략

1) 지상에 있는 건축물을 협의 또는 소송을 통해 철거한다.

2) 건축물 소유자에 대해 토지사용에 대한 대가로 월세를 받는다.

---

**Case 2**   토지 위에 신축 중인 빌라, 토지만 매각

경매정보지를 통해 토지를 검색하다 보면 그 토지 위에 짓다만 건물이나 초가집, 공장, 창고 등 법정지상권 성립 여지가 있는 물건을 자주 접하게 된다. 이번 사례는 필자가 실제 입찰에 도전한 물건이다.

처음 경매정보지를 통해 접한 물건은 건축물이 없는 나대지 상태였다. 그런데 현장조사를 가보니 건축공정이 80% 이상 진행 중인 건축물이 있었다. 누가 보더라도 신축건물이었다. 하지만 해당 건축물은 건축물대

장이나 등기사항전부증명서가 존재하지 않아 소유자를 알 수 없었다. 그렇다면 어떤 간 큰 사람이 이 비싼 땅에 주인 허락도 없이 건축물을 지었을까?

**경매정보지 사진**

**현장 사진**

• **토지등기부** ( 채권액합계 : 821,775,000원 )

| No | 접수 | 권리종류 | 권리자 | 채권금액 | 비고 | 소멸여부 |
|---|---|---|---|---|---|---|
| 1(갑6) | 2016.01.18 | 소유권이전(상속) | 박◇◇ | | 협의 분할에 의한 상속 | |
| 2(을6) | 2016.08.02 | 지상권(토지의전부) | 대전와이.엠.시.에이.신협 | | 존속기간:<br>2016.8.02~2046.8.02<br>30년 | |
| 3(을7) | 2016.08.02 | 근저당 | ◇◇대부(주) | 650,000,000원 | 말소기준등기<br>확정채권양도전:대전와이.<br>엠.시.에이.신협 | 소멸 |

| 구분 | 입찰기일 | 최저매각가격 | 결과 |
|---|---|---|---|
| 1차 | 2018-08-21 | 686,748,000원 | 변경 |
| | 2018-12-11 | 686,748,000원 | 유찰 |
| 2차 | 2019-01-29 | 549,398,000원 | |

낙찰 : 669,000,000원 (97.42%)

(입찰3명.낙찰:강◇◇ 강◇◇ 외84명 /
차순위금액 588,900,000원)

매각결정기일 : 2019.02.07 - 매각허가결정
대금지급기한 : 2019.03.20
대금납부 2019.02.21 / 배당기일 2019.03.27
배당종결 2019.03.27

먼저 누가 신축행위를 했는지 찾으면 답을 알 수 있다. 토지등기부를 살펴보니 해당 물건은 신협(○○대부)에서 근저당과 동시에 지상권을 설정했고(은행이 근저당과 동시에 지상권을 설정하는 이유는 토지 소유자 또는 제3자가 토지 지상에 건축물을 신축하려는 경우 은행의 승낙을 받도록 하여 토지의 담보가치 하락을 방지하기 위함이다), 해당 관청 건축과에 문의해 보니 토지 소유자 박○○은 ○○대부의 근저당 설정(2016년 8월 2일) 이후에(2016년 11월 3일) 5층 다세대주택의 인허가를 받았으며, 이후 착공하여 건축물을 신축했다(토지 소유자 박○○은 근저당, 지상권자인 신협의 동의하에 신축).

이 경우 민법 제366조 법정지상권 요건으로만 따져보면 해당 건축물은 법정지상권이 성립하지 않는다. 따라서 토지 낙찰 후 건축주와 협의하여 건축물을 싸게 매입하거나 협의가 안 된다면 낙찰자는 해당 건축물로 인해 토지를 제대로 사용하지 못하는 손해가 발생하므로 그로 인한 손해배상 청구와 동시에 철거 소송을 할 수 있다.

그러나 이 물건은 법정지상권 성립 유무가 중요하지 않다. 법정지상권이 성립된다면 토지사용료를 받을 것이고, 그렇지 않다면 철거 소송(지상물 철거 및 토지인도청구소송)을 하거나 지상 건물을 철거할 수 있음을 무기로 매수 협의를 통해 지상 건물을 비교적 헐값에 매입할 수 있기 때문이다. 어차피 칼자루는 토지 낙찰자가 쥐고 있다. 필자도 이 물건의 입찰에 도전했지만 차순위로 패찰했다.

필자가 앞서 언급한 '법정지상권은 건물보다 토지에 답이 있다'라는 이유도, 토지를 낙찰받아 취득한다면 세 가지 권리(① 철거 ② 지료 청구 ③ 건물을 헐값에 매입)가 생기기 때문이다. 반대로 법정지상권이 성립하는 건축물만 취득하는 경우 운이 좋다면 30년 동안 토지사용료를 내고 건물을 사용할 수 있지만 운이 나쁘면 토지사용료 연체로 인해 건축물을 강제 철거당할 수도 있다.

법정지상권의 가장 큰 장점은 싸게 낙찰받아 비싸게 되팔 수 있다는 것이다. 그러나 법정지상권을 너무 만만하게 생각해서는 안 된다. 법정지상권은 다양한 판례와 해석이 존재하고 사실관계와 법원의 판단(판결·판례)에 따라 그 결과가 달라질 수 있으므로 이론적으로 추측하여 접근한다면 큰 실수를 저지를 수 있다. 따라서 항상 기본에 충실하며 민법 제366조 법정지상권 요건을 기반으로 관련 자료를 수집하고 분석하고 해석하기 바란다.

# 유치권

　유치권은 경매투자를 하면서 흔히 접하게 되는 특수한 권리 중 하나다. 물건을 검색하다 보면 아파트, 상가, 짓다만 건물까지 '유치권 신고, 유치권 여지 있음'이라는 주의사항 멘트를 볼 수 있다. 이 경우 실제 유치권이 성립한다면 유치권자는 해당 부동산을 유치(점유)하여 자신의 채권을 변제받을 때까지 낙찰자에게 대항할 수 있다는 말이다. 그리고 유치권이 성립하는 부동산을 낙찰받으면 해당 부동산의 소유자가 되어도 그 부동산을 제대로 사용·수익할 수 없으며, 심지어 낙찰 후 유치권 성립을 이유로 은행에서 대출을 받지 못하는 지경에 이르기도 한다. 그래서 많은 투자자들은 '유치권 성립'이라는 문구를 보면 골치 아프다는 생각에 지나쳐 버린다. 하지만 유치권에 대해 제대로 이해한다면 좀 더 쉽게 접근하여 큰 수익을 노려볼 수도 있다. 다음의 예를 통해 유치권의 개념을 이해해 보자.

# 유치권 성립요건

1) [대상] 물건과 유가증권을 대상으로 한다. → 유치권은 부동산이나 동산, 유가증권을 대상으로 하며, 자기 소유 물건에는 유치권이 성립할 수 없다.

2) [견련성] 채권이 유치권의 목적물에 대해 생긴 것이어야 한다. → 채권자가 목적물(물건)에 자금(돈)을 투여한 경우 그 목적물(부동산)에 한해서만 유치권 주장이 가능하다.

3) [기한] 채권의 변제기가 도래해야 한다. → 공사대금을 지급받기로 한 약속날짜가 되어야 한다.

4) [배제 특약] 유치권의 발생을 배제하거나 포기하는 특약이 없어야 한다. → 공사 전 '유치권을 행사하지 않겠다'라는 계약서 특약사항이 있다면 유치권은 성립하지 않는다.

5) [점유시기] 유치권자는 압류의 효력이 발생하기 전에 지속적으로 점유를 유지해야 한다. → 점유는 유치권의 성립요건이자 존속요건이다. 따라서 점유를 상실하면 유치권은 성립하지 않는다. 유치권자는 경매개시결정등기일 전에 목적물을 점유해야 하며, 점유는 직접·간접 점유 모두 인정된다.

A는 신혼집으로 입주하기 위해 당근은행에서 대출을 받아 아파트를 장만했다. 그러나 아파트가 낡고 오래되어 수리가 필요했고, A는 실내 인테리어 및 베란다 확장공사를 위해 B라는 공사업자와 도급계약을 체결하고(유치권 배제 특약 없음), B는 30일 안에 공사를 완료하는 조건으로 계약금을 받은 후 공사에 착수했다. 그런데 공사가 완료되었지만, 공사대금을 지급받기로 한 30일이 지나도 B는 공사대금을 지급받지 못하고 있다. 그러던 중 A가 당근은행에서 빌린 대출금을 갚지 못하자 당근은행은 A의 아파트를 경매 신청했고, 경매가 진행되는 사실을 알게 된 B는 해당 경매계에 방문해 베란다 확장 공사비용에 대해 유치권 신고서를 작성해 제출했다. 유치권 신고가 접수되었다는 사실은 '매각물건명세서'를 통해 자세히 알 수 있다.

이 내용대로라면 공사업자 B의 유치권 성립요건은 1번부터 4번까지 완벽하게 성립하지만 5번은 충족시키지 못한다. 유치권의 경우 다섯 가지 대표적인 성립요건 중 하나라도 어긋난다면 무너진다. 즉, 5번의 점유시기 부분에서 목적물을 점유하고 있는지, 점유하고 있다면 언제부터 점유하고 있는지가 문제된다. 이처럼 유치권의 열쇠는 결국 점유에 달려 있다 해도 과언이 아니다.

그러나 유치권 신고를 하는 많은 채권자들이 공사비 미납 등을 대비해 유치권 성립요건에 대해 완벽히 숙지한 후 공사를 시작하거나, 민법상 유치권 권리나 판례를 따로 공부하지 않는다. 따라서 경매가 진행된다는 사실을 나중에 알게 되어 경매개시결정 이후에 점유를 시작하는 경우가 대부분이고, 아예 점유를 하지 않는 경우도 많다. 특히 아파트(주택)의 경우 유치권 신고가 들어와 있다면 대부분 성립하지 않는데, 상식적으로 생각해 봐도 유치권을 주장하는 채권자가 아파트 방 1칸, 거실 1평을 점유하고 있다는 것은 말이 되지 않는다. 유치권을 주장하는 채권자가 점유하지 않고 대부분 소유자(채무자)나 임차인이 점유하고 있기 때문이다.

이처럼 유치권자의 점유라는 것은 매우 추상적이기 때문에 경매 투자자들은 그 추상적인 내용을 구체적인 내용으로 법원에 입증해야 한다. 그 점유가 직접점유이건 간접점유이건 간에 점유에 대한 부분은 인정되기 때문이다. 즉, '경매개시결정 전에 점유하였는가, 아니면 이후에 점유하였는가, 그리고 지속해서 점유를 유지하고 있는가'를 명확하게 확인해야 한다. 만약 운 좋게 유치권이 신고된 부동산의 점유자를 만나 "나는 임차인이고 경매 전부터 점유하여 살고 있었다"라는 말을 믿고 입찰했는데, 낙찰 후 유치권자와 임차인이 서로 짜고 말을 바꿔 "나는 임차인은 맞지만, 유치권자를 대리하여 경매 전부터 지금까지 간접점유 중이다"라고 한다면 큰 낭패를 볼 수 있다. 이렇게 점유자와 유치권자가 짜고 치는 상황이라면 허위 유치권을 입증한다는 것은 쉬운 일이 아니다.

혹자는 '임장을 통해 점유자를 만나 누가 점유하고 있는지 구두상 확답을 얻고, 그 내용을 녹음하고 사진으로 남겨 법원에 그 사실을 입증하겠다'고 이야기하지만, 법원은 합리적인 근거나 그 사실을 뒷받침할 수 있는 타당성 있는 자료를 보고 판단하기 때문에 그러한 자료로는 유치권을 무너트리지 못한다. 그럼, 지금부터 이러한 경우 유치권에 대항하는 방법에 대해 알아보자.

## 집행관의 현황조사서로 대항하라

주택과 상가의 경우 유치권을 완벽히 무너트릴 수 있는 자료는 '집행관의 현황조사보고서'에 있다. 법원은 경매가 시작되면 경매개시결정과 함께 경매가 진행된다는 사실을 등기사항전부증명서에 공시하고, 경매 부동산의 감정평가 의뢰와 동시에 경매계 집행관이 현장조사를 나간다. 통상 경매개시결정 이후 7~14일 사이 현장에 나가 조사를 마치고, 부동산 현황 및 점유자에 대한 정보를 상세히 기재한다. 여기서 중요한 점은 집행관의 현황조사는 '경매개시결정 이후'라는 것이다. 만약 집행관이 조사한 내용에서 유치권자가 있다면 점유관계 기재사항에 '유치권자 목적물 점유 중'이라고 기재해야 한다. 그러나 유치권이 신고된 부동산에 '소유자(채무자) 점유'라고 기재되어 있다면, 그것이 시사하는 바는 유치권자가 점유하고 있지 않다는 반대증거인 셈이다.

이처럼 집행관의 현황조사보고서는 객관적이고 합리적인 근거자료로, 인도명령 접수시 현황조사보고서와 함께 그 근거를 뒷받침할 수 있는 내용을 정리하여 제출하면 긴 소송 없이 인도명령결정문을 부여받아 강제집행을 할 수 있다. 이것이 필자가 추천하는 가장 안전한 방법이자, 초보자도 도전해 볼 수 있는 유치권 전략이다.

**• 등기부현황** ( 채권액합계 : 691,776,000원 )

| No | 접수 | 권리종류 | 권리자 | 채권금액 | 비고 | 소멸여부 |
|---|---|---|---|---|---|---|
| 1(갑2) | 2016.10.20 | 소유권이전(매매) | 홍⬜⬜,김⬜⬜ | | 각 1/2,거래가액 금369,200,000원,중국인 | |
| 2(을1) | 2016.10.20 | 근저당 | 농협은행 (간석지점) | 261,600,000원 | 말소기준등기 | 소멸 |
| 3(을2) | 2017.07.20 | 근저당 | 중소기업은행 | 120,000,000원 | | 소멸 |
| 4(갑4) | 2017.11.20 | 가압류 | 신용보증기금 | 135,000,000원 | 2017카단⬜⬜⬜⬜ | 소멸 |
| 5(을3) | 2018.01.04 | 근저당 | (주)창⬜⬜ | 84,000,000원 | 계약양도전:광주은행 | 소멸 |
| 12(갑19) | 2019.02.15 | 강제경매 | 신용보증기금 (인천재기지원단) | 청구금액: 134,989,803원 | 2019타경⬜⬜⬜⬜ 신용 보증기금 가압류의 본 압 류로의 이행 | 소멸 |

| 주의사항 | **■유치권여지 있음**-2019.11.13자 유치권자 김⬜⬜로부터 이 사건 부동산에 대해 공사대금 금 45,000,000원의 유치권신고서가 제출되었으나, 그 **성립 여부는 불분명함.** (2019.11.15 정정) |
|---|---|

● 부동산의 현황 및 점유관계 조사서

1. 부동산의 점유관계

| 소재지 | 1. 인천광역시 미추홀구 용정공원로⬜⬜, 125동 3층3701호 (용현동,⬜⬜⬜) |
|---|---|
| 점유관계 | 채무자(소유자) 점유 |
| 기타 | – 본건 현황조사차 현장에 임하여 소유자 홍⬜⬜을 면대한 바, 소유자 가족이 이건 부동산을 점유 사용하고 있으며 임대차관계는 없다고 함.<br>– 본건 주소지내 전입세대 열람내역 첨부. |

등기부 현황상 홍○○ 외 1명이 소유하고 있는 아파트이다. 그런데 주의사항을 보니 김○○로부터 공사대금 4,500만원에 대해 유치권 신고가 들어왔다. 경매개시결정일은 2019년 2월 15일이며, 유치권 신고는 경매개시 한참 뒤인 2019년 11월 13일에 접수되었다. 무언가 조작의 냄새가 난다. 아마도 유치권자 김○○은 경매가 진행되는 사실을 뒤늦게 알고 유치권 신고를 했을 것이다. 그런데 아파트의 경우 공사대금 4,500만원은 상식적으로 말이 되지 않는다. 물론 아파트 전체를 인테리어했다면 그럴 수 있겠지만 인테리어 비용은 유치권 비용으로 인정해주지 않는다.

일반적으로 다수의 유치권자는 소송에서 조정위원회를 통해 유치권 신고금액이 감액될 것을 고려하여 실제 목적물에 들인 금액보다 2~3배

이상 부풀려 신고하는 경우가 많다. 사례에서도 유치권 신고자(아직 법원의 판결을 받지 못했기에 유치권자가 아니라 유치권 신고자로 대신하자) 김○○은 낙찰자에게 대항하며 유치권 성립을 주장할 것이고, 그것을 무너트리는 것은 낙찰자의 몫이다.

이 사례 또한 유치권 신고자 김○○의 점유시기에 달렸다. 그 점유가 경매개시결정 '전'이냐 '후'이냐는 중요하지 않다. 언제부터 점유를 하고 있었는지 알아내는 것은 처음부터 유치권자를 따라다니지 않는 한 알 수 없기 때문이다. 그럼, 이제부터는 유치권 신고자가 지금 점유를 '하고 있냐' '안하고 있냐'가 더욱 중요하다. 그 이유는 유치권 신고자가 점유를 상실하면 유치권도 사라지기 때문이다.

집행관의 현황조사서를 살펴보면 '본 건 현황조사 차 현장에 임하여 소유자 홍○○을 면대한 바, 소유자 가족이 이 건 부동산을 점유 사용하고 있으며, 임대차 관계는 없다고 진술함'이라고 기재되어 있다. 즉, 소유자(채무자) 자신이 가족과 함께 거주하고 있고 다른 점유자는 없다고 집행관에게 진술한 현황조사서는 객관적으로 신빙성 있는 자료로, 인도명령서와 함께 접수하면 소송 없이 명도를 끝낼 수 있다.

## 임차인 유치권

앞의 사례는 제3자가 유치권을 주장하는 것이지만, 임차인이 유치권을 주장하는 사례도 있다. 임차인은 자신이 점유하여 사용·수익하는 부동산에 대해 본인이 지출한 비용은 임대인에게 지급받아야 한다. 그런데 지급받기 전에 점유 중인 부동산이 경매로 넘어간다면 제3자(낙찰자)에게 비용을 요구할 수 있다. 이것이 바로 '임차인 유치권'이다. 그러나 임차인이 주장할 수 있는 수리비용은 매우 제한적이다. 예를 들어 장사를 하기 위해 상가를 임차하여 작게는 몇천 많게는 몇억을 인테리어 비용으로 지출했다 해도, 인테리어 비용은 자신의 사업을 영위하기 위한 비용으로 간주하기 때문에 유치권 비용으로 인정받지 못한다. 주택도 마찬가지로 자신의 취향에 맞춰 주택을 개조하거나 인테리어를 하는 경우 그 비용은 인정받지 못한다. 유치권 비용으로 인정받을 수 있는 범위는 그 주택을 사용·수익하고 적합한 상태로 보전·유지하기 위해 지출되는 비용으로, '필요비 상환청구권'과 '유익비 상환청구권'이 있다.

| 필요비 상환청구권 | 임대인을 대신하여 점유 중인 부동산을 사용·수익함에 있어 적합한 상태를 유지하기 위해 수선해야 하는 경우(수선하지 않으면 정상적인 사용이 불가피한 경우) 임차인의 비용으로 직접 수선한 뒤 그 수선비용을 임대인에게 받을 권리 또는 청구할 권리 |
| --- | --- |
| 유익비 상환청구권 | 부동산의 보존상 필수불가결하게 지출이 요구되는 비용 또는 물건의 가치 향상을 위해 해당 부동산에 지출된 비용으로, 임차 중인 부동산의 객관적인 가치를 증대시킴으로 인해 받아야 할 채권 및 권리 |

쉽게 말해 세입자가 부동산을 빌려 사용하다 그 부동산에 누수가 발생하여 물이 떨어지거나, 보일러가 작동하지 않는 경우다. 만약 임차한 주택에서 장마철 빗물이 떨어지고 누수가 발생한다면 세입자는 집주인에

게 하자 부분의 수리를 요청할 것이고, 집주인은 먼저 조치하고 나중에 하자 보수비용으로 지출된 영수증을 첨부하라고 할 것이다(민법 제626조 임차인의 상환청구권). 그런데 이때 집주인이 수리비용을 지급하지 않고 차일피일 미루다 그 집이 경매로 넘어간다면 세입자는 받지 못한 수리비용을 토대로 유치권 행사를 할 수 있다.

**Case** 임차인이 유치권 신고를 한 경우

**• 임차인현황** ( 말소기준권리 : 2009.12.08 / 배당요구종기일 : 2019.08.05 )

| 임차인 | 점유부분 | 전입/확정/배당 | 보증금/차임 | 대항력 | 배당예상금액 | 기타 |
|--------|----------|----------------|-------------|--------|--------------|------|
| 임※※ | 주거용 전부 | 전입일자: 2018.08.07<br>확정일자: 2018.08.07<br>배당요구: 2019.05.29 | 보 32,000,000원 | 없음 | 소액임차인 | |

기타사항
▪본건 현황조사 현장에 임하여 임차인의 배우자를 면대한 바, 임차인 가족이 이건 부동산을 점유 사용하고 있다고 진술.
▪본건 조사서의 조사내용은 임차인의 배우자 진술과 전입세대열람에 의한 조사사항임.

**• 등기부현황** ( 채권액합계 : 511,858,922원 )

| No | 접수 | 권리종류 | 권리자 | 채권금액 | 비고 | 소멸여부 |
|----|------|----------|--------|----------|------|----------|
| 1(갑5) | 2009.12.08 | 소유권이전(매매) | 조※※ | | 거래가액:344,000,000 | |
| 2(을4) | 2009.12.08 | 근저당 | 한국주택금융공사 | 180,000,000원 | 말소기준등기<br>확정채권양도전:중소기업<br>은행 | 소멸 |
| 3(을5) | 2011.04.25 | 근저당 | 중소기업은행 | 120,000,000원 | | 소멸 |
| 4(갑7) | 2017.12.20 | 가압류 | 신용보증기금 | 192,000,000원 | 2017카단※※※※※※ | 소멸 |
| 8(갑12) | 2019.05.20 | 임의경매 | 한국주택금융공사 | 청구금액:<br>131,372,894원 | 2019타경※※※※※※ | 소멸 |
| 9(갑13) | 2019.08.29 | 임의경매 | 중소기업은행<br>(여신관리부) | 청구금액:<br>120,000,000원 | 2019타경※※※※※※ | 소멸 |

주의사항
▪유치권여지 있음·임※※의 싱크대 등 설치공사비로 895만 원의 채권을 위한 유치권 신고가 있으나. 임대차계약서에는 임대차 종료시에 임차인이 부동산을 원상으로 회복하여 반환한다는 약정이 있음.
▪유치권배제 신청·신청채권자로부터 유익비 상환 청구권 발생시기 미도래 및 임대차계약 약정에 따라 유치권이 성립하지 않는다는 취지의 유치권배제의견서(2019.08.29 자)가 제출됨

이 사례는 실제 임차인 임○○이 사용하고 있으며, 집주인 조○○의 문제로 경매가 진행되었다. 그런데 '주의사항'을 살펴보니 임차인 임○○의 싱크대 등 설치공사비로 895만원에 대해 유치권 신고가 접수되었다. 그런데 싱크대 공사는 필요비·유익비의 범위에 해당하지 않고, 싱크

대처럼 주택과 쉽게 분리되는 경우 유치권은 인정되지 않는다. 또한 경매신청자로부터 임대차계약 약정에 의한 유치권배제신청이 접수되었다(성립하지 않는 유치권 신고로 경매를 방해하여 유찰을 유도하는 경우 경매신청 채권자가 담보물 가치 하락을 막기 위해 유치권배제신청을 하는 경우도 종종 있다. 또한 유치권 허위신고는 형법 제315조 경매·입찰의 방해죄에 해당한다).

그리고 상가와 주택의 경우는 임대차계약시 필수적으로 원상복구 특약이 기재된다. 즉, 임차인의 필요비·유익비 상환청구권을 미리 포기한다는 약정으로, 계약 만료시 부동산을 원상으로 복구하여 반환해야 한다는 뜻이다. 따라서 임차인이 부동산을 사용·수익하면서 그 부동산에 지출된 비용이 있더라도 임대인에게 반환시 모두 철거하거나 계약 전 상태로 되돌려 놓아야 하는 것이다. 예를 들어 임차인이 테라스를 새로 만들거나, 아파트 베란다를 확장해 사용하더라도 계약이 끝나면 원상태로 돌려놔야 한다. 따라서 이러한 경우 유치권 분쟁이 생길 수 없고, 이 사례에서는 임대차계약서를 확보하고 있는 채권자(은행)가 그 원상복구 특약을 토대로 유치권배제신청을 한 것이다.

실무에서는 임차인이 유치권 신고를 접수한 경우 낙찰자는 낙찰받은 부동산의 채무자를 찾아가 협의하에 임대차계약서를 확보하거나(이때 채무자가 계약서 복사본을 제공하면서 금전을 요구하는 경우가 많다), 주변 공인중개사(공인중개사는 계약서를 5년간 보존·관리해야 한다)를 탐문하여 임대차계약서를 확보 후 원상복구 특약을 근거로 유치권자를 손쉽게 명도할 수 있다(낙찰자는 채무자의 권리를 모두 승계한다).

많은 사람들이 "유치권은 대부분 허위 가짜다. 성립하지 않는다."라고 이야기한다. 하지만 그 말은 맞기도 하고 틀리기도 하다. 정답이 없다는 이야기다. 유치권을 주장하는 사람과 그것을 부정하는 사람들의 주장은 항상 서로 엇갈리고, 법원의 판결·판단도 상황에 따라 달라질 수 있다. 이처럼 유치권은 평이하지 않고 다양한 판례와 해석이 존재하기 때문에 충분히 조사한 후 입찰에 임해야 한다.

# PART 2

# 왕초보 투자자들의
# 실전 경매
# 분투기

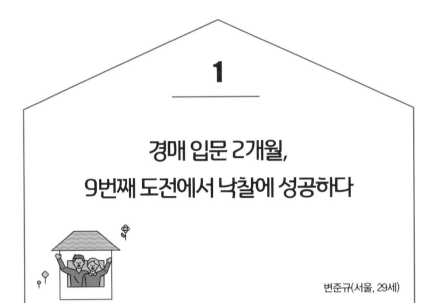

# 1

# 경매 입문 2개월, 9번째 도전에서 낙찰에 성공하다

변준규(서울, 29세)

나는 스물넷까지 부산에서 살다 취업을 하며 서울로 올라왔다. 그렇게 20대 후반을 평범한 직장인으로 꼬박꼬박 월급을 받으며 꾸준히 저축도 하고, 승진을 위해 스펙 쌓기에 몰두하며 생활했다. 하지만 서울이라는 대도시에 살다 보니 월세며, 교통비, 휴대폰 요금, 식비, 카드값 등 빠져나가는 돈이 점점 증가하면서 월급만으로 생활하는 것이 턱없이 부족했다. 그중에서도 월세 비중이 가장 컸는데, 월세를 전세를 바꾸기 위해 인근 중개사무소에 알아보니 서울 전셋값은 생각 이상으로 너무 높았다. 그동안 모아둔 돈과 나의 몇 년치 연봉을 합쳐도 서울에 있는 전셋집은 꿈도 꾸기 어려웠다.

그런데 그 당시 재테크 붐이 불면서 부동산, 주식, 가상화폐 등 각자의 방법으로 월급 외의 돈을 벌고 있는 동료들을 여럿 보게 되었다. 나도 어떻게 하면 '돈을 많이 모을 수 있을까?'라는 생각에 재테크 책도 읽고 주식, 펀드 등 이것저것 공부를 하던 중 함께 원룸에 살고 있는 학교 선배가 부동산 관련 책 한 권을 추천해 주었고, 그 책을 읽고 저자의 강의까지 찾아 듣게 되면서 본격적으로 경매를 시작하게 되었다.

내가 공부하며 느낀 경매의 가장 큰 매력은 부동산을 시세보다 싸게 사서 제값에 팔아 이윤을 남긴다는 점이었다. 시세보다 싸게 사서 값이 오를 때 팔면 최대이윤을 볼 수 있는 간단한 공식이었다. 하지만 경매를 시작하려 해도 종잣돈이 필요했고 모아둔 돈도 얼마 없었던 터라 걱정이 많았는데, 경매 수업을 들으며 어느 정도 공부를 해보니 은행 대출을 활용하면 소액의 돈으로도 경매 투자를 할 수 있겠다는 희망이 생겼다. 부동산을 싸게 낙찰받은 후 은행 대출을 이용해 명의 이전을 하고 제값에 팔거나 월세를 줘서 당분간 이자를 충당하다 시세가 오르면 되팔아 대출을 갚으면 된다고 생각하니 큰 부담 없이 경매에 접근할 수 있었다.


## 최소 10번은 도전하라


나는 공부를 시작하며 2개월 동안 8건의 경매 물건 입찰에 도전했으나 8번 모두 패찰을 경험했다. 계속된 패찰에 포기할까도 생각했지만 멘토는 항상 '꾸준하게 10번만 도전해라' '10번 입찰하면 무조건 1건은 낙찰이 된다'라고 강조했기에 '그래 10번까지 도전해 보자'라는 마음으로 꾸준히 시도를 했다.

한 건의 경매 물건에 입찰하기까지 퇴근 후에는 시세 조사도 하고 주변 환경 등을 분석했고, 주말에는 부동산을 보러 다녔다. 그리고 권리분석한 매물이 괜찮다 싶으면 입찰기일에 맞춰 휴가를 내고 입찰에 들어가기를 반복했다.

나는 주로 아파트 위주의 매물을 찾았는데, 지리적으로 교통은 얼마나 편리하고 주변의 학군은 괜찮은지, 상권은 어느 정도 발달되어 있는지 위주로 살펴보았다. 직업 특성상 당직근무가 많은 편인데, 당진근무를 선 날이면 몇 시간밖에 못 자고 인천과 경기도로 임장을 다니다 보니 엄청 피곤하기도 했다. 하지만 내가 관심있게 눈여겨보았던 매물을 낙찰받을 생각만 하면 너무 즐거웠다.

처음 임장을 갔을 때는 중개사무소에 방문해 무슨 말을 하고, 집을 어떻게 보여달라고 할지도 몰랐었고, 물건지를 방문했을 때 어떤 부분을 주의 깊게 봐야 하는지도 몰랐다. 대부분 큰 소득 없이 집에 돌아오곤 했는데, 멘토에게 조언을 얻은 후부터는 상세히 확인해야 할 리스트를 만들어 꼼꼼하게 점검했다. 그리고 집에 돌아오면 노트를 펼쳐 당일 임장한 물건에 대한 평가와 오늘은 무엇을 잘했고 무엇이 부족했는지, 그리고 앞으로 어떤 부분을 개선해야 할지를 정리했다. 그렇게 계속 반복하며 부족한 부분은 공부하고 멘토의 조언을 구하다 보니 조금씩 익숙해져서 임장을 다니는 횟수도 줄어들고 자연스럽게 자신감도 붙게 되었다.

하지만 정말 열심히 분석하고 발품을 팔아 조사하고 기록했던 물건의 입찰에서 패찰을 했을 때는 허탈함과 아쉬움이 생각보다 컸다. 특히 입찰금액 경쟁에서 간소한 차이로 차순위로 밀려났을 때는 특히 아쉬움이 커 집으로 돌아오는 발걸음이 무거웠다. 그래도 좌절하지 않고 조금만 더하면 될 것 같다는 생각이 들었기 때문에 포기하진 않았다.

## 9번째 도전에서 낙찰에 성공하다

9번째 도전한 곳은 멘토가 추천한 강원도 양양에 위치한 아파트였다. 동해바다 전망이 좋고, 정암해수욕장 해변이 한눈에 보이며, 해변까지 도보로 3분이면 이동이 가능한 아파트여서 부자들이 세컨드 하우스로 투자가 가능할 것 같아 입찰에 도전해 보기로 했다. 하지만 강원도까지 가는 길이 쉽지만은 않았다. 당직을 마친 후 졸린 눈을 비비며 고속버스를 타고 임장을 다녀오고, 입찰하는 날에는 오전 10시까지 속초지원에 가야 해서 휴가를 내고 새벽 4시 반에 일어나 고속버스에 몸을 실었다.

당시 부동산 열풍이 불어 사람들이 경매에 관심이 많았고, 경매 투자를 하는 사람들이 늘고 있는 추세였기 때문에 이 물건도 분명 경쟁률이 꽤 있을 거라 예상했다. 그래서 전보다 조금 더 공격적으로 입찰가를 써야겠다고 생각하고 법원에 들어섰다. 경매법정의 개방시간은 오전 10시인데, 이른 아침부터 입구에는 사람들이 북적이고 있었다. 입찰 게시판을 보니 그날은 총 25건의 경매 물건이 진행되었고, 그중 아파트는 모두 4건이었다. 나는 입찰 전까지 여유롭게 주변 분위기를 살피고 있었는데, 시간이 지나자 주차장에는 차들이 빼곡히 들어섰고, 법원 앞 테이블에는 사람들이 옹기종기 모여 모의하고 있는 모습들도 보였다. 입찰시간이 다가오자 갑자기 과거에 여러 번 패찰했던 아픈 기억들이 떠올랐다. 2순위로 아쉽게 패찰했던 기억, 소심하게 너무 낮은 금액으로 들어갔다가 허무하게 패찰했던 기억 등이 주마등처럼 스쳐 지나갔다.

여러 시행착오들이 떠오르면서 원래 쓰려고 했던 금액보다 더 높게 써서 입찰계획표를 제출했고, 어느덧 내가 입찰한 아파트의 차례가 다가왔다. 법정에서는 내가 입찰한 경매 물건에 참여한 입찰자들을 호명하며 법정 입찰대 앞으로 불러모았다. 호명 방식은 법원마다 달랐지만 속초지원의 경우 순서 없이 입찰자의 이름과 입찰금액을 호명했다. 총 8명의 이름과 금액을 부르는 동안 나는 나보다 더 높게 쓴 사람이 나올까 정말 조마조마하면서 귀를 열고 있었다. 그리고 마침내 마지막으로 호명한 내 금액은 차순위와 700만원 정도의 차이로 1순위 낙찰이 되었다.

내 이름이 불리면서 낙찰을 받을 때 빠르게 뛰던 심장이 갑자기 가라

**2018타경10⬚⬚⬚** ● 춘천지방법원 속초지원 ● 매각기일 : 2019.01.07(月) (10:00) ● 경매 2계(전화:033-639-7643)

| 소 재 지 | 강원도 양양군 강현면 정암리 ⬚⬚. ⬚⬚⬚⬚⬚ 101동 1층 105호 도로명검색 □ 지도 □ 지도 | | | | | |
|---|---|---|---|---|---|---|
| 새 주 소 | 강원도 양양군 강현면 정암길 ⬚⬚. ⬚⬚⬚⬚⬚ 101동 1층 105호 | | | | | |
| 물건종별 | 아파트 | 감 정 가 | 120,000,000원 | 오늘조회: 1 2주누적: 0 2주평균: 0 조회동향 | | |
| | | | | 구분 | 입찰기일 | 최저매각가격 | 결과 |
| 대 지 권 | 89.271㎡(27.005평) | 최 저 가 | (70%) 84,000,000원 | 1차 | 2018-11-26 | 120,000,000원 | 유찰 |
| 건물면적 | 50.537㎡(15.287평) | 보 증 금 | (10%) 8,400,000원 | 2차 | 2019-01-07 | 84,000,000원 | |
| | | | | 낙찰 : 112,999,999원 (94.17%) | | |
| 매각물건 | 토지·건물 일괄매각 | 소 유 자 | 정⬚⬚ | (입찰8명,낙찰: ⬚⬚⬚) | | |
| 개시결정 | 2018-03-08 | 채 무 자 | 정⬚⬚ | 매각결정기일 : 2019.01.14 - 매각허가결정 | | |
| 사 건 명 | 임의경매 | 채 권 자 | 이⬚⬚ | 대금지급기한 : 2019.02.22 | | |
| | | | | 대금납부 2019.02.20 / 배당기일 2019.03.25 | | |
| | | | | 배당종결 2019.03.25 | | |

Part 2 왕초보 투자자들의 실전 경매 분투기

앉으면서 '드디어 됐다!'며 속으로 외치던 그때 그 기분은 정말로 짜릿했다. 기분이 엄청 좋았지만, 법정 안의 고요한 분위기에서는 차마 소리 지르며 좋아할 수 없어 애써 담담한 표정을 지으며 낙찰영수증을 챙겨 법원 밖으로 나왔다. 2시간 동안의 사투 끝에 법정을 나오니 바깥 공기가 어찌나 상쾌하던지 정말 후련하고 뿌듯했다. 하지만 한편으로 원래 쓰려던 금액으로 썼으면 200만원 정도 차이로 낙찰받을 수 있었을 텐데 마지막에 욕심을 부리는 바람에 500만원을 더 높인 게 너무 아쉬웠다. 멘토가 '법원 분위기에 휩쓸리지 말고 처음 생각했던 금액으로 쓰라'고 강조했던 말이 머릿속을 맴돌았다. 보통 입찰 전 각종 지출비용과 수익을 미리 계산해 입찰금액을 정하는데, 막상 법원에 가면 낯설고 긴장되는 분위기 탓에 원래 쓰려던 금액보다 더 높게 써서 오히려 낙찰받고도 손해를 보는 경우가 생길 수 있기 때문이다. 다행히 손해를 보고 받은 건 아니었기에 또 하나의 교훈을 얻으며 기분 좋게 집으로 돌아올 수 있었다.

| 낙찰금액 | | 113,000,000원 |
|---|---|---|
| 매도금액 | | 170,000,000원 |
| 공과금<br>및<br>부대비용 | 취득세 | 1,200,000원 |
| | 법무사비용 | 500,000원 |
| | 은행이자 | 1,000,000원 |
| | 중개수수료 | 1,000,000원 |
| | 양도세 | 3,000,000원 |
| | 기타비용 | 300,000원 |
| | 부대비용 계 | 7,000,000원 |
| 수익 | | 50,000,000원 |
| * 비고 : 은행 대출 90,000,000원 | | |

## 경제적 자유를 얻고 싶다면 지금 바로 행동하라

첫 낙찰을 통해 목표를 포기하지 않고 꾸준히 노력하다 보면 내가 꿈꾸는 건물주가 될 수 있겠다는 희망이 생겼다. 그리고 낙찰에 성공하기까지 배우고 느껴왔던 경험들을 기반으로 삼아 한 번의 낙찰에 만족하거나 그만두지 않고 계속해서 이어가겠다는 자신감도 생겼다.

부동산 경매에 관심이 있다면 시간적 여유나 경제적 여유가 없다거나 대출이 두렵다는 등 당장의 장애물과 두려움에 망설이지 말고 평소 꿈꿔왔던 것들을 성취하기 위해 '지금 바로 행동하라'는 말씀을 드리고 싶다.

# 2

## 기회는 '도구'를 가진 사람에게만 찾아온다

조영준(서울, 33세)

낚시꾼이 고기를 낚기 위해선 낚싯대라는 도구가 필요하고, 요리사에게는 칼, 도마, 냄비 등 다양한 도구가 필요하다. 이처럼 인간은 도구를 사용함으로써 발전해 왔고, 특히 지금의 시대는 자신이 어떤 도구를 얼마나 능숙하게 사용할 수 있느냐에 따라 부의 격차가 더 크게 벌어진다. 내가 경매를 배우려고 결심한 것도 부자가 되는 '도구'를 얻어 능숙하게 사용해 '부'를 늘리기 위함이었다. 이때 나는 혼자 공부하기보다는 전문가의 지도하에 도구를 안전하게 사용하는 방법을 택했다. 칼을 잘못 사용하면 상처를 입듯 부동산 경매도 잘못 투자하면 내 자산에 타격이 있을 거라 생각했기 때문이다.

수많은 경매학원이 있지만, 멘토가 운영하는 실전경매반 커리큘럼은 나의 이런 의도에 매우 적합했다. 보통 다른 곳은 낙찰받고 임차인을 맞춘 후 오랜 기간 임대료를 받으며 보유하도록 가르치기 때문에 낙찰부터 매도까지의 경험을 하는데 시간이 오래 걸리는 단점이 있었다. 그러나 멘토는 '경매는 낙찰부터 매도까지 한 사이클을 빠르게 경험해 보는 것이 중요하다'는 것을 꾸준히 강조했고, 이런 교육방법이 나와 잘 맞을 것이라 생각했다.

## 싸게 낙찰받아 급매로 바로 매도한다

나는 4월부터 교육을 시작해 그해 6월 12일에 2억 1,221만원으로 인천에 소재한 다세대 주택을 낙찰받았고, 10월 19일에 2억 4,000만원에 매도에 성공하며 4개월 만에 한 사이클을 경험할 수 있었다. 그럼, 지금부터 낙찰을 받기 전부터 매도까지 내가 경험한 일을 순서대로 풀어 보겠다.

4월 7일, 본격적인 경매수업을 시작했다. 기본적인 권리분석과 도전해도 되는 부동산과 도전하면 안 되는 부동산을 공부하며, 모의입찰을 꾸준히 반복했다. 모의입찰은 직접 입찰에 참가하진 않지만 이 물건을 왜 선택했고 얼마에 입찰할 것인지를 정리해 멘토에게 확인받는 과정이다. 현장에서 입찰에 참여하지는 않지만 권리분석과 시세 파악, 임장을 계속하며 실전감각을 익혔다.

이 과정에서 가장 어려운 것은 정확한 시세를 파악하는 것이다. 아파트는 크게 문제가 없지만, 빌라의 경우는 시세를 파악하기가 쉽지 않다. 중개사무소에 찾아가 경매 입찰을 준비 중인데 시세를 알려달라고 하면 대충대충 알려주거나 대부분 귀찮아한다. 그래서 나는 해외에 거주하고 있는 친척의 핑계를 댔다(물론 가상의 인물이다). 경매 물건이 A빌라 201호라면 해외에 있는 사촌 형이 A빌라 301호를 급하게 매도할 계획이라며 시세를 확인했다. 이런 식으로 주변의 공인중개사에게 전화를 해 급매가를 파악했다. 그리고 임장을 나가서는 매수자의 입장에서 시세를 알아봤다. 비슷한 위치, 평수, 연식 등의 빌라를 선정하여 미리 중개사무소에 방문 예약을 하는데, 이때 경매로 나온 물건과 유사한 부동산이 매물로 나와 있으면 더할 나위 없이 좋다.

이렇게 내가 입찰할 경매 물건과 경쟁이 될 만한 유사 부동산을 파악한 뒤 매매, 전세, 월세 가격을 알아봤다. 여기서 한 가지 큰 난관이 있는데, 바로 경매 진행 중인 집 내부로 들어가는 것이다. 나는 임장을 갔을 때 경매 진행 중인 부동산 내부에 들어간 적이 한 번도 없었다. 벨을 누르고 '부동산 경매 법인에서 왔습니다'라고 정중하게 요청해도, 이미 마음을 많이 다치신 분들이라 문을 열어주지 않기 때문이다. 아쉬운 대로 윗집 또는 아랫집의 벨을 눌러 협조를 구하는 식으로 간접적으로 경매 물건과 같은 구조의 내부를 보며 하자 여부를 파악해야 했다.

이렇게 모의입찰과 임장을 반복하며 괜찮아 보이는 물건을 찾으면 멘토에게 들고 가 매물은 괜찮은지, 적정 입찰가는 어느 정도인지 등을 상담받았다. 이 과정을 거쳐 확신이 들면 실제 입찰에 참가했다. 그리고 실제 법정에서 입찰을 할 때에는 최종 입찰표를 작성한 후 사진을 찍어 잘

못 작성한 부분은 없는지 멘토에게 확인을 받기도 했다.

보통 경매로 낙찰받아 급매로 매도하기 위해서는 적정 마지노선을 정해 놓고 입찰을 해야 하기 때문에 단번에 낙찰되는 경우가 거의 없었다. 대부분 많은 패찰을 경험한다(나의 경우는 8번 패찰하고, 9번째에서야 낙찰을 받았다). '도대체 패찰을 얼마나 경험해야 하나?' '법원 갔다가 빈손으로 돌아오는 것도 지쳤다'라는 생각이 들기도 했다. 하지만 돌이켜 생각해 보면 많은 패찰로 인해 더 많은 물건을 접하고 분석하는 기회를 가질 수 있었고, 경매라는 도구를 더욱 능숙하게 다룰 수 있는 경험이 되었다고 생각한다.

## 나의 첫 번째 낙찰

내가 9번의 도전 끝에 처음으로 낙찰받은 빌라는 인천 서구에 있는 신축 빌라였다. 당시 인천 지역에 수돗물 적수 문제가 터져 걱정은 했지만, 반드시 해결될 문제라고 생각하여 약 2억 1,221만원에 입찰을 진행했고, 단독 입찰로 낙찰되었다. 시세는 2억 5,500만원 정도였고, 급매로 2억 4,000만원 정도에 내놓으면 팔 수 있을 거라 판단되었다.

6월 12일 낙찰을 받고, 잔금 납부까지 약 한 달여 정도의 시간이 있었다. 보통 낙찰을 받으면 법정 앞에서 아주머니들이 명함을 나누어 주는데(대출 브로커라고 보면 된다), 법무사부터 은행 직원, 대출 중개인까지 모두 경매낙찰잔금 대출을 연결해 주는 중개인들의 명함이었다. 나는 집으

⬚ 인천지방법원 본원 ⬚ 매각기일 : **2019.06.12(水) (10:00)** ⬚ 경매 25계(전화·032-860-1625)

| 소 재 지 | 인천광역시 서구 원당동 ⬚⬚. ⬚⬚⬚ 102동 3층 302호 [도로명검색] □지도 □지도 | | | | | | | |
| 새 주 소 | 인천광역시 서구 원당대로 ⬚⬚번길, ⬚⬚ 102동 3층 302호 | | | | | | | |
| 물건종별 | 다세대(빌라) | 감 정 가 | 279,000,000원 | 오늘조회: 1 2주누적: 0 2주평균: 0 [조회동향] | | | | |
| 대 지 권 | 71.81㎡(21.723평) | 최 저 가 | (70%) 195,300,000원 | 구분 | 입찰기일 | 최저매각가격 | 결과 |
| | | | | 1차 | 2019-05-09 | 279,000,000원 | 유찰 |
| 건물면적 | 79.27㎡(23.979평) | 보 증 금 | (10%) 19,530,000원 | 2차 | 2019-06-12 | **195,300,000원** | |
| 매각물건 | 토지·건물 일괄매각 | 소 유 자 | 유⬚⬚ | 낙찰: 212,212,000원 (76.06%) | | | |
| 개시결정 | 2019-01-14 | 채 무 자 | 유⬚⬚ | (입찰1명,낙찰:인천 ⬚⬚⬚) | | | |
| 사 건 명 | 임의경매 | 채 권 자 | 농협은행 | 매각결정기일 : 2019.06.19 · 매각허가결정 | | | |
| | | | | 대금지급기한 : 2019.07.22 | | | |
| | | | | 대금납부 2019.07.19 / 배당기일 2019.08.20 | | | |
| | | | | 배당종결 2019.08.20 | | | |

로 돌아와 명함 속 중개인들에게 모두 전화해 대출가능금액과 금리, 중도상환수수료를 검토했고, 별도로 인터넷 검색을 통해 최대한 유리한 은행을 알아보았다. 소유권을 이전한 후 바로 매도하는 것이 목표였지만, 매도가 안 될 경우 임대를 놓아야 하기 때문에 금리 부분도 신경을 써야 했다. 이후 대출을 받아 법원에 잔금을 납부하고 바로 인근 중개사무소에 매도 의뢰를 하며, 이렇게 이야기했다.

"11월 30일까지 매도해 주시면 중개수수료를 정확히 2배 드리겠습니다. 매매가도 다른 호수보다 저렴하니 잘 부탁드립니다."

그리고 호의적인 공인중개사에게 내가 경매받은 물건 현관 앞에 '경매 낙찰자입니다. 원만한 합의를 위해 010-000-0000으로 연락주세요'라고 쓰여진 A4용지를 현관에 붙여 달라고 부탁했더니 흔쾌히 해주었다.

며칠 뒤 세입자에게 연락이 와 낙찰 물건 인근 카페에서 만났다. 중년의 남성이었는데, 나는 2개월의 시간을 드릴 테니 그때까지 이사를 가달라고 정중히 부탁했다. 하지만 그분은 30분 넘게 눈물 어린 감정 호소를 하며 5개월 동안 보증금 없이 월세를 살게 해달라고 요청했는데, 나는 빠른 매도가 목적이었기에 불가능하다고 확실히 내 의사를 전달했다. 그분 사정이 매우 어려웠던 것은 맞지만, 나도 그분의 사정을 모두 들어드릴 수 없어 마음이 아팠다. 그분도 내 상황을 알기에 2개월 안에 이사를 가보겠다는 구두상 확답을 듣고 헤어졌다.

하지만 한 달 뒤 세입자에게 연락을 하니 '너무 바빠서 이사할 집을 알아보지 못했다'며 시간을 좀 더 달라고 요구했다. 나는 이때부터 마음이 매우 조급해져 급한 마음에 며칠 간격으로 독촉을 하기 시작했다. 결국 그분의 언성이 높아졌고, 법대로 하라는 세입자의 말에 나 역시 화가 나 법대로 강제집행을 접수했다. 그 후 며칠이 지나 세입자가 먼저 연락을 해와 나에게 언성을 높인 것을 사과하며, 적당한 이사비와 강제집행 취하를 해주면 2주 내에 이사를 가겠다고 약속을 했다. 결국 이사비 50만 원으로 합의를 보았고 세입자는 날짜에 맞춰 이사를 갔다. 지금 생각해보면 처음 해보는 명도협상이라 성숙하지 못한 대응인 것 같아 아직도 씁쓸한 기억을 가지고 있다.

이사가 완료된 후 곧바로 청소업체와 수리업체를 선정해 집을 매매하기 좋도록 세팅을 했다. 커피 향이 나면 매도가 잘된다는 연구 결과가 있어, 현관 입구에 좋은 향이 나는 방향제를 배치하기도 했다. 공인중개사는 높은 중개수수료를 약속했던 덕분인지, 아파트를 보려는 고객을 잘

설득해 나의 물건을 계약하게 해주었고, 약 한 달 후 잔금을 모두 받고 중개사에게는 약속했던 수수료를 전액 지급했다.

| 낙찰금액 | | 212,212,000원 |
|---|---|---|
| 매도금액 | | 240,000,000원 |
| 공과금<br>및<br>부대비용 | 취득세 | 2,334,332원 |
| | 법무사비용 | 600,000원 |
| | 은행 이자(4개월) | 1,753,500원 |
| | 수리비용 | 1,030,000원 |
| | 중개수수료 | 2,000,000원 |
| | 양도세 | 9,411,710원 |
| | 중도상환수수료 | 835,000원 |
| | 명도비(이사비) | 500,000원 |
| | 관리비(4개월) | 162,360원 |
| | 강제집행비 | 120,000원 |
| | 근저당 말소 | 50,000원 |
| | 부대비용 계 | 18,796,902원 |
| 수익 | | 8,991,098원 |

\* 비고 : 대출 167,000,000원, 이자 3.15%

## 기회를 잡아 원하는 부의 목표에 다가가기를 바란다

지금 내 나이는 서른셋이다. 그러니 앞으로도 수많은 기회가 나에게 찾아올 것이다. 이러한 기회는 도구가 없는 자에겐 기회로 보이지 않을 것이다. 여러분도 이 책을 통해 경매라는 도구를 습득하여 기회를 인식하고, 그 기회를 잡아 원하는 부의 목표에 한 걸음 더 다가가기를 바란다. 나와 같은 실제 케이스를 통해 경매에 대한 막연한 두려움을 이겨내 보기 바란다. 새로운 도전을 결심하는 당신을 응원한다.

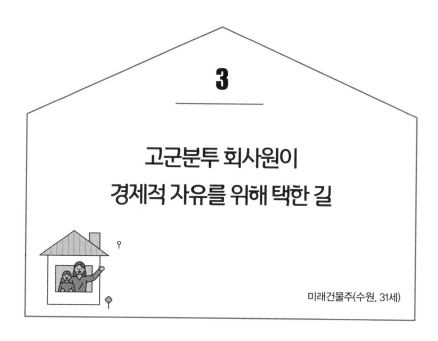

# 3

## 고군분투 회사원이
## 경제적 자유를 위해 택한 길

미래건물주(수원, 31세)

인간이 살면서 가장 필수적으로 필요한 것이 의·식·주일 것이다. 대부분의 사람들이 그렇겠지만 학교를 졸업하고 사회에 들어오면 자기 앞가림을 위해 돈벌이를 시작하게 된다. 나 또한 그러한 과정을 거쳐 사회에 첫발을 디딘 사회초년생이었다. 하지만 현실적인 월급으로는 내가 원하는 것들을 이루며 살기에 역부족이란 것을 우리는 모두 공감할 것이다.

기본적으로 지출되는 교통비와 생활비, 기타 유지비 등을 제하고 나면 남는 돈이 얼마 없을 뿐더러, 매년 치솟는 물가로 인해 저축으로 돈을 모으기는 더 힘들어졌다. 게다가 집값은 천정부지로 올라 대출을 받더라도 집을 사거나 전세를 살기도 어려운 현실이다. 나는 결단을 내릴 수밖에 없었다. 내가 원하는 삶은 이런 허덕이는 삶이 아니었기 때문이다.

그래서 돈 버는 방법에 대해 공부를 해야겠다고 결심했고, 돈 버는 방법에 대한 책, 부동산 관련 유튜브와 블로그를 틈틈이 챙겨보며 재테크 공부를 시작했다. 그러던 중 '부동산 메신저'라는 유튜브 채널을 통해 본격적으로 부동산 경매에 관심을 가지게 되었다.

## 기대하지 않았던 첫 낙찰, 그리고 실패를 맛보다

사실 본격적으로 경매 수업을 듣기 전, 나는 이미 첫 실패를 맛보았다. 회사생활을 하며 출퇴근시간에는 경매 관련 블로그나 카페를 통해 정보를 찾았고, 퇴근 후에는 인터넷 강의와 책을 통해 경매를 공부했다. 독학으로 경매 투자에 대한 기본적인 프로세스를 어느 정도 이해한 나는 실제 투자를 통해 실전 경험을 해보기로 했다.

당시 내 통장에는 2,000만원의 종잣돈이 전부여서 이 돈으로 투자할 수 있는 물건들을 찾아보았다. 낙찰가가 높았던 아파트는 투자금이 부족해 대상에서 제외하고, 다세대 빌라 등 가벼운 물건 위주로 선별했다. 몇 건의 물건들을 추린 후 생애 처음으로 주말마다 임장을 다니며 중개사무소를 통해 시세도 조사했다.

드디어 인천 서구의 한 신축 빌라로 첫 투자 물건을 선정했다. 엘리베이터는 없지만 필로티 구조 건물의 2층으로 한 층만 올라가면 되는지라 경쟁력이 있어 보였다. 감정가는 1억 3,000만원 정도였고, 1번 유찰되어 소액으로도 접근이 가능한 물건이었다. 입찰 당일 두근거리는 마음으로 인천 법원에 가서 유튜브와 책에서 배운 대로 입찰표를 작성하고 내 물건의 호명을 기다렸다. 뜻밖에 결과는 단독 입찰로 낙찰이었다. 기대하지 않은 첫 낙찰이라 어리둥절할 뿐이었다. 예상외로 한 명도 들어오지 않아 잘못 받은 건가 하는 걱정도 동시에 들었다. 영수증에 사인을 하고 나오니 명함을 나눠주는 아주머니들이 내 번호를 적어갔다.

그렇게 어벙벙한 채 법원을 나온 나는 우선 낙찰받은 물건지에 다시 가보았다. 집 앞에 도착해 두근거리는 마음으로 해당 세대의 벨을 눌러 보았으나 집안에는 아무도 없는 것 같아 내 전화번호와 간단한 메모를 남기고 집으로 돌아왔다. 다음 날 출근해서 일하고 있는데 낯선 번호로 전화가 왔다. 소유자 겸 채무자였다. 무엇을 말해야 할지 몰라 일단 채무자의 입장을 들어 보고자 주말에 방문하겠다고 했다.

주말이 되어 마트에서 간단한 선물용 음료수를 사들고 집으로 찾아갔다. 집에는 채무자와 부인, 그리고 자녀 2명이 있었다. 집 내부는 깨끗했지만 약간의 연식이 있는 인테리어였다. 집안을 둘러보고 채무자의 이야기를 들었다. 나 또한 그들을 이해하기 위해 최대한 공손히 경청했다. 채무자의 사업이 어려워지면서 경매로 넘어간 상황이었고, 지금 당장 어디 갈 곳이 없어서 막막하다고 하소연을 했다. 경매의 꽃이 왜 명도라고 하는지 알 것 같았다. 다행히 이미 경매에 넘어간 부분은 인지하고 있는 터라 집을 빼줘야 한다는 부분은 이해하고 있어서 서로 합의점을 찾아야만 했다. 채무자는 당장 갈 곳이 없는 것이 문제였고, 나는 하루라도 빨리 집을 비워 매매하는 것이 목표였던지라 채무자에게 이사비 대신 두 달 동안 살면서 이사할 곳을 찾아보라고 했더니 감사해 하며 흔쾌히 수

락했다. 이로써 명도 문제는 생각보다 가볍게 해결되는 듯 보였다.

그런데 한 달 정도 지나 채무자에게 연락해 보니 아직 집을 구하지 못했다고 한 달만 더 연장해 달라고 부탁을 했다. 이 한마디에 갑자기 모든 것이 꼬여 버렸다. 이사예정일에 맞춰 도배 및 인테리어를 예약해 놓은 상태였기 때문이다. 어쩔 수 없이 한 달을 미루어주고 한 달 은행 이자 정도의 월세를 받기로 했다. 다행히 한 달 뒤에 집을 빼주었고, 도배 및 장판 같이 전문가가 필요한 곳은 외주를 주고, 내가 고칠 수 있는 부분은 매일 밤마다 가서 하나하나 고쳤다. 드디어 온전히 내 집이 되었고, 나름 성취감도 느낄 수 있었다.

인테리어 전                    인테리어 후

그리고 여러 곳의 중개사무소에 집을 내놓았다. 그런데 집을 보러오는 사람은 있었지만, 계약을 하겠다는 사람은 선뜻 나타나지 않았다. 당시 정부의 주택에 대한 대출 규제로 시장이 꽁꽁 얼어 붙은 상태였기 때문이다. 중개사무소 사장님들도 "요즘 집 사려는 매수자는 없고 전·월세 산다는 사람들만 찾아온다"며 힘들다고 아우성이었다.

그렇게 한두 달이 지나자 집값이 떨어지기 시작하더니 내가 낙찰받은 금액까지 떨어졌다. 대출이자가 계속 나가고 있어 이대로 가다가는 큰 손해를 볼 것 같아 하루하루가 지옥이었다. 내가 생각하지 못했던 시장이라는 큰 변수가 있었던 것이다. 싸게만 낙찰받으면 다 될 줄 알았던 것이 내 첫 번째 실수였다. 하지만 나는 포기할 수 없었다. 그리고 이러한 변수들에 대해 함께 의논할 수 있는 멘토의 절실함을 느꼈다.

## 첫 수익을 맛본 두 번째 투자

첫 낙찰에서 실패를 맛본 후 본격적으로 경매 수업을 들으며 멘토에게 낙찰받은 물건에 대한 해결책을 물었는데, 멘토는 "지금 그 지역은 다세대 주택의 공급량이 많고 거래량이 감소하고 있으니 조금 손해를 보더라도 매도를 하자"라는 의견을 주었다. 결국 첫 번째 투자는 약간의 손해를 보고 매매했다.

이후 경매 수업의 같은 기수들과 함께 임장도 가고, 서로 정보도 공유하면서 든든한 지원군을 얻을 수 있었다. 그중 몇몇 동기들은 법인을 설립해 투자를 했는데, 법인 명의로 투자를 하면 세금 면에서 득이 크다는 것을 알게 되어 나도 1인 법인을 만들어 두었다.

두 번째 투자물건 역시 투자금이 여의치 않아 다세대 빌라로 선정했다. 하지만 주먹구구식 첫 투자와 달리 체계적으로 시세 파악과 시장 동향 등을 분석해 물건을 선별했다. 임장을 가서도 예전에 보지 못했던 일조방향, 시장동향, 적정입찰가 등 여러 가지 요소를 반영해 꼼꼼하게 조사했다. 확실히 아는 것이 많아지니 보이는 것도 많아졌다. 그런데 보수적으로 입찰을 하다 보니 입찰 횟수만큼 패찰 횟수도 늘어났다. 나는 당연한 일이라고 생각했다. 첫 번째 실수를 반복하지 않기 위해서는 다른 사람들에게 동요하지 않고 내가 생각했던 입찰가를 써내는 것이 중요했다. 그러던 중 두 번째 낙찰을 받을 수 있었다.

두 번째 낙찰에서는 첫 번째 낙찰받은 경험 때문인지 입찰부터 명도까지 모든 것이 순조롭게 진행되었다. 세입자 명도를 마치고 집안 내부를 보니 고칠 곳이 거의 없는 새집 상태였다. 이런 물건을 찾아낸 내가 스스로도 대견스러웠다. 깨끗한 새집이라 청소 정도만 마치고 중개사무소에 집을 월세로 내놓았다. 당시는 매매 거래가 잘되지 않던 터라 회복기에 접어들 때까지는 월세를 놓기로 했는데, 새집인 만큼 중개사무소에서도 문의 전화가 많이 왔다.

두 번째 낙찰받은 빌라 내부 모습

이 빌라의 경우 1,000만원 정도 투자를 했는데, 500만원의 보증금이 들어와 실제 투자금은 500만원 정도였고, 매달 50만원의 월세가 들어와 대출이자를 내고도 통장에 약 20만원씩이 꼬박꼬박 쌓였다. 내가 일을

Part 2 왕초보 투자자들의 실전 경매 분투기

하지 않아도 매달 들어오는 돈을 보니 뿌듯했다. 이후 이 집은 적당한 가격에 매도에 성공하여 첫 투자의 실패를 만회하고도 수익을 볼 수 있었다.

## 경매란 이런 거구나!

두 번째 낙찰 성공으로 투자금이 늘다 보니 자연스럽게 아파트에 눈이 가기 시작했다. 하지만 지정지역 확대, 대출 규제 등 부동산 규제 정책으로 인해 아파트의 경우 투자금이 더 필요한 상황이었다. 뉴스나 신문에서는 매일 같이 아파트값이 급상승하고 있고, 전세는 임대차 3법의 영향으로 씨가 말랐고, 그마저 있던 전세들도 가격이 폭등하고 있다는 기사가 줄을 이었다.

나와 비슷한 또래의 친구들 이야기를 들어보아도 내년에 결혼을 해야 하는데 전세를 구하기가 하늘의 별 따기고, 더군다나 대출도 안 나와 매매를 하기도 어렵다며 한풀이를 늘어놓았다. 전혀 남의 이야기 같지 않았다. 나 또한 결혼을 앞두고 있어 집을 구해야 하는 입장이었기 때문이다. 이런 상황에서 한탄만 하며 가만히 지켜만 볼 순 없었다. 가만히 있으면 아무것도 이루어질 수 없다는 것을 알기에 내 집 마련을 위해 한 계단 한 계단 더 올라가기로 마음먹었다.

그래서 규제가 적은 지방 물건이라도 투자하여 종잣돈을 더 늘리기로 했다. 지방이라도 입지가 좋은 곳은 가격이 꾸준히 상승하고 있었다. 주말마다 강원도와 충청도까지 임장을 다녔고, 퇴근 후에는 손품을 팔며 지역별 시세가 어떻게 변동되는지 꼼꼼히 조사했다. 감정가 100% 물건이라도 버리지 말고 꼭 다시 보라는 멘토의 조언대로 물건을 보다 보니 시세 대비 감정가가 낮은 물건들을 찾을 수 있었다. 당시 천안 쪽이 상승세였기에 시세 대비 낮게 평가된 물건들이 많았다. 시장이 일시적으로 상승한 것은 아닐까 의심되어 앞으로의 수요와 공급에 대해서도 조사를 진행했다. 이런 조사를 토대로 입찰에 들어가기로 결정했다.

입찰 당일 한 번도 유찰되지 않은 아파트에 8명이 입찰했고, 나는 감정가보다 3,000만원 이상 높게 써내 차순위와 약 300만원의 간소한 차이로 낙찰의 기쁨을 맛볼 수 있었다. 잔금을 납부하고 이제 명도만 남았다. 해당 아파트는 회사에서 직원 기숙사로 1년 정도 이용 중인 상태였

**2019타경1**⬛⬛ · 대전지방법원 천안지원 · 매각기일 : 2020.07.27(月) (10:00) · 경매 2계(전화:041-620-3072)

| 소재지 | 충청남도 천안시 서북구 두정동 ⬛⬛⬛⬛⬛ 107동 15층 1505호 도로명검색 □지도 □지도 | | | | | | |
| 새 주소 | 충청남도 천안시 서북구 천안대로 ⬛⬛, ⬛⬛ 107동 15층 1505호 | | | | | | |
| 물건종별 | 아파트 | 감정가 | 232,000,000원 | 오늘조회: 1 2주누적: 0 2주평균: 0 조회동향 | | | |
| 대지권 | 45.081㎡(13.637평) | 최저가 | (100%) 232,000,000원 | 구분 | 입찰기일 | 최저매각가격 | 결과 |
| | | | | 1차 | 2020-07-27 | **232,000,000원** | |
| 건물면적 | 84.975㎡(25.705평) | 보증금 | (10%) 23,200,000원 | 낙찰 : 266,999,990원 (115.09%) | | | |
| 매각물건 | 토지·건물 일괄매각 | 소유자 | 장⬛⬛ | (입찰8명,낙찰:이⬛⬛ / 차순위금액 263,234,555원) | | | |
| 개시결정 | 2019-11-04 | 채무자 | 장⬛⬛ | 매각결정기일 : 2020.08.03 - 매각허가결정 | | | |
| 사건명 | 임의경매 | 채권자 | 한국주택금융공사 | 대금지급기한 : 2020.09.04 | | | |
| | | | | 대금납부 2020.08.24 / 배당기일 2020.09.11 | | | |
| | | | | 배당종결 2020.09.11 | | | |

　　　　　　　Part 2 왕초보 투자자들의 실전 경매 분투기

고, 명도 대상자(임차인)가 회사여서 명도가 의외로 쉽지 않았다. 관리사무소에서는 개인정보 보호 때문에 연락처를 알려줄 수 없다고 하여 등기 사본을 보내 집주인임을 확인시키고 어렵게 회사 담당자의 연락처를 받을 수 있었다. 이후 회사 담당자와는 내부 보고절차 때문에 애를 먹기도 했지만 다행히 이사비용 100만원에 합의 후 어렵사리 명도를 마치고 집 내부를 볼 수 있었다.

낙찰받은 물건은 로열층이었고 앞에 건물이 없어서 전망이 너무 좋아 내가 살고 싶을 정도였다. 이 정도면 매매를 하더라도 금방 팔릴 것 같았다. 기분이 최고였다. 빌라부터 시작해 내 돈으로 아파트를 장만하다니 꿈만 같았다. 비록 신축 아파트는 아니었지만 마음에 꼭 드는 아파트였다. 이 아파트 주변으로 계속 신축들이 공급될 예정이고, 그 아파트들 사이에 둘러싸인 내 아파트의 가치는 더 올라갈 것이라 생각되어 2년 정도 임대를 준 후 매매를 할 예정이다.

| 낙찰금액 | | 266,999,990원 |
|---|---|---|
| 매도금액(예상) | | 370,000,000원 |
| 공과금<br>및<br>부대비용 | 취득세 | 2,670,000원 |
| | 법무사비용 | 478,710원 |
| | 은행 이자 | 600,000원 |
| | 명도비용(이사비) | 1,000,000원 |
| | 중개수수료 | 300,000원 |
| | 부대비용 계 | 5,048,710원 |
| 예상 수익 | | 약100,000,000원 |
| * 비고 : 대출 246,000,000원, 보증금 2,000만원, 월세 77만원 | | |

## 아무것도 하지 않으면 아무것도 안 바뀐다

불과 몇 년 전만 하더라도 나는 사회를 원망하고 비판하며 한탄만 하던 평범한 직장인이었다. 하지만 부동산 경매를 시작하며 한 단계 더 성장할 수 있었고, 삶의 빛이 보이기 시작했다. 지금까지의 이야기는 아직 경험이 부족한 한 청년의 투자 과정이었지만 내 사례를 통해 '나도 할 수 있겠구나' '하면 되는구나' 이런 생각이 들었다면 내 의도가 잘 전달되었다고 생각한다. 내가 아파트를 낙찰받고 얻은 그 성취감을 이 책을 읽고 있는 당신도 느낄 수 있었으면 한다.

'아무것도 하지 않으면 아무것도 안 바뀐다'는 말은 내가 참 좋아하는 말이다. 누군가 날 책임져 주지 않는다면 혼자 앞으로 나아가야 한다. 적어도 우리가 살아가고 있는 이 시대에서는 말이다. 그렇다. 가장 중요한 것은 '할 수 있다'는 마인드다. 나는 이런 도전적인 마인드를 가지고 경제적 부를 위해 앞으로도 가만히 있지 않을 것이고 더 앞으로 나아갈 것이다. 아직까지도 본인의 경제적 환경에 한탄만 하고 있다면 지금 당장 실행으로 옮기라고 응원하고 싶다.

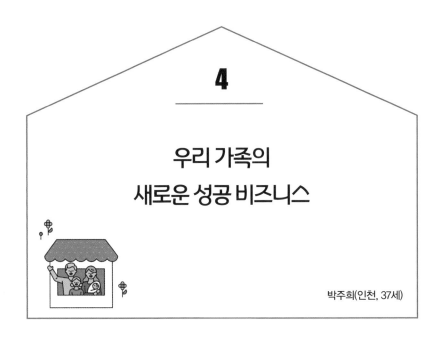

# 4

## 우리 가족의
## 새로운 성공 비즈니스

박주희(인천, 37세)

"너는 5년 뒤, 10년 뒤, 너의 미래가 달라질 거라고 생각해?"

오랜만에 만난 친구가 물었다. 나는 1초의 망설임도 없이 "응!"이라고 답했다. 이러한 대답을 주저 없이 할 수 있었던 이유는 나와 남편이 부로 향하는 문을 두드리고 또 두드렸기 때문이다. 지금부터의 이야기는 그 길의 시작인 나의 첫 경매 낙찰 건에 대한 기록이다.

## 우리 과연 이대로 괜찮을까?

그날도 나는 은행 계좌에서 각종 세금, 보험료, 연금, 카드값 등등의 것들이 빠져나간 뒤 통장이 '텅장'으로 변한 것을 확인하고 있었다. 우리 아이는 이제 3살. 앞으로 유치원도 가야 하고, 학교에 들어가면 최소한 남들이 하는 정도의 사교육도 시켜야 할 텐데…. '우리 과연 이대로 괜찮을까?' 하는 두려움이 나를 뒤덮었다.

아이를 낳기 전 나는 거의 하루도 쉬는 날 없이 내가 좋아하는 영어와 요가를 가르치며 나름 만족하는 삶을 살고 있었다. 그러나 아이가 태어나고 내 삶은 180도 완전히 바뀌어 버렸다. 나에게는 남편 외에 육아 지원군이 없었고, 너무나 어렸던 우리 아이는 자주 아파 어린이집보다는 나와 함께 있어야 하는 날들이 더 많았다. 나의 수입도 자연스레 없어졌다. 수입이 없어지자 나의 자존감 또한 바닥으로 주저앉았다. 나를 희생하여 아이를 키워내는 일은 세상에서 가장 숭고한 일임이 분명했지만, 어머니로서의 내가 아닌 인간 박주희로서의 나의 자리가 사라진 것만 같았다.

남편 역시 우리의 경제적 상황과 나의 괴로움을 잘 알기에 그때부터 내가 할 수 있는 일들을 고민하기 시작했다. 나는 우리 아이를 키울 수 있는 시간을 확보하면서 자유롭게 시간을 활용할 수 있는 일을 찾아야 했다. 또한 수익이 잘 나는 일이어야 우리 가족의 미래가 보장될 터였다.

## 여보! 경매 한 번 공부해 보지 않을래?

느닷없는 남편의 이 제안은 너무 터무니없었다. 우리는 살면서 부동산, 경제, 돈에 대해 관심을 가져본 적이 한 번도 없었기 때문이다. 하지만 우리에겐 더 이상의 선택지가 없었고, 삶의 변화가 절실했다. 그때 마침 지인의 추천으로 경매 특강을 들을 기회가 있었는데, '경매는 가능성에 대한 도전'이라는 말에 용기를 내보기로 했다. 돌아오는 길에 서점에 들러《부동산과 맞벌이하는 월급쟁이 부자들》을 사서 읽었고, 바로 저자가 진행하는 강의에 등록하여 경매 공부를 시작했다.

첫 시간부터 과제들이 쏟아지기 시작했다. 생소한 부동산 용어는 물론, 매일 해야 하는 권리분석과 틈틈이 임장도 다니는 등 시간이 부족했지만 그해가 끝나기 전에(3~4달의 시간이 있었음) 낙찰을 받아 매도까지 하는 것을 목표로 부지런히 뛰어다니며 법원 입찰을 준비했다.

우리가 가진 돈으로 입찰할 수 있는 물건은 빌라나 20평 정도의 아파트였는데, 2번의 패찰을 경험한 후 내린 결론은 1.5군 정도의 대단지 아파트가 경쟁률 면에서도 유리하고 나중에 매도도 빠르게 될 가능성이 크기에 이쪽으로 적극적으로 입찰해 보기로 했다. 그리고 이 조건에 딱 맞는 인천 옥련동의 아파트가 경매로 나왔다. 주말에 우리 세 가족은 드라이브 하는 기분으로 가볍게 물건 주변을 차로 둘러보며 생활권을 살펴보고, 해당 물건의 우편함, 창문 개폐, 계량기 등의 상태를 확인했다. 채무자가 현재 거주하고 있는 것 같지는 않았다. 평일에는 아이를 어린이집에 보내고 그 시간을 활용해 인근 중개사무소에 들러 같은 평수의 물건을 여러 개 보며 구조와 가격 등을 알아냈다. 이때 내가 아이를 키우는 '아줌마'라는 지위는 공인중개사들이 육아, 교육, 교통 등의 다양한 정보를 자연스럽게 꺼내주는 데 있어 큰 장점으로 작용했다.

입찰 전날 우리는 얼마만큼의 수익을 원하는지를 정하고 입찰금을 결정했다. 입찰 당일 드디어 내가 입찰한 물건의 개찰이 시작됐다. 22명이 입찰했고 11명의 이름이 불리는 동안 내 이름은 없었다. 법원 의자에 혼자 앉아 중간중간 가져간 책을 읽으며 담담한 척했지만, 심장은 이미 내 몸 밖으로 튀어나올 것 같았다.

## 박주희 님, 낙찰되셨습니다

너무 긴장하고 기뻤던 나머지 정신이 어질어질했다. 덜덜 떨리는 손으로 보증금 영수증에 삐뚤빼뚤 내 이름 석 자를 쓰고 지장을 찍고 나오는 길, 주변의 대출 이모님들이 잽싸게 명함을 쥐여주고는 내 전화번호를 적어갔다. 그리고 연락을 기다리는 남편에게 전화를 했다. 전화기 너머 기쁨에 들뜬 목소리와 함께 우리에게도 이런 좋은 기회가 왔다며 서로를 축하했다. 앞으로 경락잔금 대출, 명도, 매도 등 한 번도 경험해 보지 못한 일들이 남아 있었지만, 그날은 낙찰의 기쁨을 만끽하고 싶었다.

남편과 나는 명도의 전략에 대해 고민했다. 남편은 사무적이고 까다로운 일을 매끄럽게 잘 처리하는 반면, 나는 사교적이며 좋은 일을 더 좋은 방향으로 끌고 갈 수 있었다. 이런 각자의 성향을 반영해 남편은 나의 의뢰를 받은 대리인처럼 명도의 전반적인 부분을 담당하고, 나는 그 외의 실무적인 일들을 처리하기로 역할을 나누었다.

우선 채무자의 연락처를 알아내야 했다. 현관문 틈에 우리가 끼워놓은

| 2019타경8 | | 인천지방법원 본원 | 매각기일: 2019.11.05.(火) (10:00) · 경매 16계(전화:032-860-1616) | | | | |
|---|---|---|---|---|---|---|---|
| 소 재 지 | 인천광역시 연수구 옥련동 407동 4층 405호 [도로명검색] ▣지도 ▣지도 | | | | | | |
| 새 주 소 | 인천광역시 연수구 한나루로 407동 4층 405호 | | | | | | |
| 물건종별 | 아파트 | 감 정 가 | 227,000,000원 | 오늘조회: 1 2주누적: 0 2주평균: 0 [조회동향] | | | |
| 대 지 권 | 27.611㎡(8.352평) | 최 저 가 | (70%) 158,900,000원 | 구분 | 입찰기일 | 최저매각가격 | 결과 |
| 건물면적 | 59.985㎡(18.145평) | 보 증 금 | (10%) 15,890,000원 | 1차 | 2019-09-30 | 227,000,000원 | 유찰 |
| | | | | 2차 | 2019-11-05 | 158,900,000원 | |
| 매각물건 | 토지·건물 일괄매각 | 소 유 자 | 박XXX | 낙찰: 198,560,000원 (87.47%) | | | |
| 개시결정 | 2019-03-25 | 채 무 자 | 박XXX | (입찰22명,낙찰:인천 XXX / 차순위금액 198,000,000원) | | | |
| | | | | 매각결정기일: 2019.11.12 - 매각허가결정 | | | |
| | | | | 대금지급기한 : 2019.12.24 | | | |
| 사 건 명 | 임의경매 | 채 권 자 | 유케XX유한회사 (양도전:국민은행) | 대금납부 2019.11.28 / 배당기일 2020.01.16 | | | |
| | | | | 배당종결 2020.01.16 | | | |

메모는 며칠째 그대로였다. 역시 예상대로 이 집에는 채무자가 살고 있지 않은 것이 분명했다. 앞집 할머니 역시 오랫동안 채무자를 보지 못했다고 이야기해 주었다. 관리사무소에서는 연락처를 알려줄 수 없다고 했지만, 미납된 관리비를 우리를 통해 해결하지 못한다면 관리사무소 역시 곤란하지 않겠느냐며 설득했다. 관리비 연체금이 꽤 되었기에 관리사무소는 결국 전화번호를 알려주었다. 남편은 우리가 세웠던 전략에 맞춰 채무자와 통화를 했다.

"안녕하세요? 낙찰자 박주희 씨의 대리인 김 과장입니다."

나의 대리인인 경매회사 전문 직원처럼 이야기하면서 적당한 거리감과 사무적인 느낌을 주었기에 채무자는 우리의 예상보다 쉽게 집에 있는 모든 짐을 최대한 빠르게 빼주겠다고 약속하고 현관의 비밀번호도 바로 알려주었다. 그날 남편이 퇴근하자마자 집 내부를 보기 위해 비밀번호를 눌렀다. '유튜브에서 보던 것처럼 여기저기 부서지고 엉망인 집은 아닐까?' 불안했지만, 다행히 싱크대, 새시, 화장실 등은 매우 양호한 상태였다. 또한 채무자가 이미 대부분의 짐을 빼서 나간 상태로 집이 거의 비어 있다는 사실이 우리를 더 안도하게 만들었다. 단지 압류 딱지가 붙은 2개의 가구만 남아 있을 뿐이었다.

집 상태를 파악한 후 남편이 채무자와 명도 협의를 시작했다. 채무자는 여러 어려움을 호소했고, 직접 만나기를 거부했기에 모든 과정은 전화로 해야 했다. 결과는 대성공이었다. 이사비(위로금) 없이 체납 관리비 약 80만원을 대신 납부해 주기로 하고, 내부 짐은 채무자가 다음 날에 직접 처리하기로 했다. 원래는 관리비 대납과 이사비 모두를 지급할 수도 있다고 생각했었기에 예상보다 훨씬 좋은 성과였다.

## 매도에 성공하다

나는 우리가 거주할 집은 아니지만, 매수인이 바로 들어와 살아도 괜찮을 것 같이 느끼게 해준다면 빠른 매도가 가능할 것이라고 남편과 상의했다. 우리는 밝은 톤의 도배와 입주 청소를 하기로 결정하고 바로 업체를 정해 목요일에 도배를 하고 금요일에 입주 청소를 마쳤다. 그리고 입주 청소가 진행되는 사이 인근 중개사무소 8곳을 다니며 매물을 내놓았다. 그날은 그해 들어 가장 추운 날이었는데, 곧 집이 팔려 수익을 볼

수 있을 거라는 좋은 예감 때문이었는지 마냥 신이 났다. 그리고 우리 집
이 더 매력적으로 보이게 하는 마지막 작업을 했다. 바로 다음과 같은 슬
리퍼와 안내문이었다.

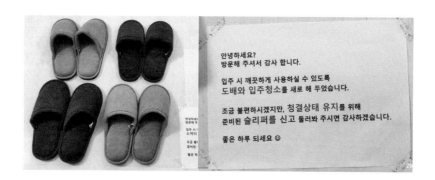

다음 날인 토요일, 우리 예상대로 집을 보러 온다는 중개사무소의 연
락을 받고 보니 주말에 맞춰 서둘러 내놓기를 잘했다는 생각이 들었다.
그리고 바로 계약을 하고 싶다는 연락이 왔다. 바로 위층에도 매물이 있
었지만, 쾌적한 환경과 실내화까지 놓인 이 집이 마음에 들었다고 했다.
그렇게 가계약을 하니 모든 것이 끝난 듯 보여서 우리가 바라던 수익이
통장 계좌에 채워질 날만을 손꼽아 기다렸다. 그러나 그 기대도 잠시, 채
무자가 전출신고를 하지 않아 매수자가 대출이 안 된다고 연락이 왔다.
급히 해당 주민센터에 가서 직권말소 신청(채무자 강제전출)을 해야 한다
는 것이었다. 혹시 서투른 나로 인해 매수자가 피해를 입는 것은 아닌지
걱정이 되어 직권말소 신청을 하며 직원에게 물어보니 다행히 한 달 정
도의 시간이 있어서 괜찮을 것 같다고 했다. 매수자는 정상적으로 대출
을 받을 수 있게 되었고, 우리는 정해진 계약 날 훈훈하게 매도를 마치고

예상된 수익을 얻을 수 있었다.

| 낙찰금액 | | 198,560,000원 |
|---|---|---|
| 매도금액 | | 216,000,000원 |
| 공과금 및 부대비용 | 취득세 | 2,184,160원 |
| | 법무사비용 | 400,000원 |
| | 은행 이자 | 1,072,412원 |
| | 인테리어 비용 | 1,000,000원 |
| | 중개수수료 | 1,300,000원 |
| | 양도세 | 4,491,871원 |
| | 기타 비용 | 800,000원 |
| | 부대비용 계 | 11,248,443원 |
| 수익 | | 6,191,557원 |
| * 비고 : 은행 대출 136,000,000원 | | |

## 기회의 신은 앞머리만 있다

이렇게 글로 정리해 보니 나의 첫 낙찰 경험은 순풍에 돛을 단 듯 순조로워 보인다. 하지만 이론에서는 결코 가르쳐 주지 않는, 경험을 해봐야만 알 수 있는 크고 작은 어려움들이 있었다. 그리고 이 경험은 살아있는 지식이 되어 다음에는 조금 더 발전된 내가 되게 할 것이라고 믿는다.

'기회의 신은 앞머리만 있다'는 말이 있다. 기회의 신은 뒷머리가 없기 때문에 지나간 뒤에 후회해 봐야 소용이 없고 항상 기회가 왔을 때 신속하고 정확하게 낚아채야 한다는 뜻이다. 나는 아직 경매 초보자이다. 단 한 번의 성공 경험이 내 삶의 질을 크게 바꿔 놓았다고는 할 수 없지만, 이 경험은 나에게 언제 또다시 기회가 오더라도 앞머리를 낚아챌 수 있도록 항상 노력하고 준비해야 한다는 것을 알려줬다. 아직은 소액일지라도 나의 든든한 사업 파트너인 남편과 자금 상황에 맞는 적절한 투자를 위해 노력한다면 우리의 미래는 지금보다 더 밝아질 거라고 예상해 본다.

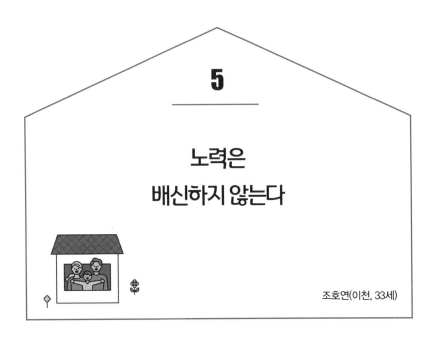

# 5

## 노력은
## 배신하지 않는다

조호연(이천, 33세)

나는 회사에서 열심히 고군분투하며 일하고 있는 6년 차 직장인이다. 누구나 그렇듯 의사, 변호사 같은 전문직이 아닌 이상 대부분의 직장인은 열심히 일을 하지만 딱히 미래가 보장되지는 않는다. 그래서 나는 경제적 자유를 누리는 FIRE(Financial Independence Retire Early) 족이 되기로 마음먹고 6년 동안 열심히 모은 8,000만원 정도의 돈으로 난생처음 재테크에 뛰어들기로 결심했다.

## 아파트 청약에 먼저 도전하다

우리나라는 부동산으로 돈을 번 사람들이 많다는 이야기를 들었던 기억이 떠올라 무턱대고 '부동산 투자'를 유튜브에 검색해 보았다. 경매, 공매, NPL, 청약, 분양권투자 등 낯선 분야의 콘텐츠들이 즐비해 있었는데, 어느 것부터 시작하는 게 맞는 단계인지 전혀 알 수 없었다. 다만 나에게는 1순위 청약통장이 있었기에 만약 경매부터 시작하면 1주택자가 되어 청약통장이 무용지물이 될 것이라는 점이 우려되었다. 그렇다면 우선 청약 당첨이 먼저 된 후 경매에 본격적으로 뛰어드는 것이 순서일 것 같았다. 청약 당첨이 된다면 계약금을 제외한 중도금은 대출이 될 테니 나의 자본금도 크게 타격을 입지 않을 것으로 생각되었다.

나는 30대 초반 미혼이고 연봉이 좀 높다 보니 특별공급은 꿈도 꿀 수 없는 상황이라 추첨제가 가능한 민영주택 분양에 모조리 응모했고, 마침내 3달 만에 수도권의 브랜드 아파트에 당첨되었다. 그럼, 이제 잠자고 있는 내 현금이 본격적으로 일하도록 만들어야 했다.

## 본격적으로 경매에 뛰어들다

분양권이 당첨된 후 바로 경매 공부를 시작했다. 다양한 콘텐츠와 경제동향, 세법 등 부동산 관련 현황을 접하면서 향후 주택 시장은 정부가 무주택 실수요자 위주의 정책을 집중적으로 지원하고 있어 임대로는 큰 소득을 기대하기 어렵겠다는 느낌을 받았다. 그런데 경매 분야를 다루는 많은 유튜버들은 주택 낙찰 후 수익형 부동산으로 활용하여 임대수익을 거두고, 임대보증금으로 재투자를 병행하는 투자방법을 권하고 있었다. 하지만 이는 초보자인 내가 보더라도 정부의 부동산 옥죄기 정책에 역행하는 투자법으로 여겨졌다.

그중 '부동산 메신저'라는 채널이 유튜버 중 유일하게 저가매수와 단기매도를 통해 시세차익을 빠르게 실현하는 것이 지금의 상황에서는 현명한 투자법이라고 강조하고 있었는데, 내가 생각했던 투자법과 같아 이분과 함께 본격적으로 경매 공부를 시작했다. 수십 권의 경매 관련 책을 미리 읽고 수업에 임했건만 확실히 책이 전달할 수 없는 부동산 시장에 대처하는 판단력과 경험담은 나에게 큰 도움이 되었고, 무엇보다 나의 실행 스위치를 지속적으로 눌러주는 것이 가장 결정적인 포인트였다.

드디어 내 생애 첫 임장을 가게 되었다. 멘토가 추천한 제주도의 빌라 물건이 있었는데, 먼 곳임에도 불구하고 추천을 한 데는 분명 특별한 이유가 있지 않겠나 싶어 당일치기로 제주도 임장에 나섰다. 첫 임장인 만큼 등기사항전부증명서와 경매정보지 등 관련 자료를 꼼꼼히 출력하여 확인했다. 물건지에 도착하니 물건 상태는 첫 임장에 나선 내가 봐도 입찰을 해선 안 될 만큼 하자투성이였다. 건물 전체가 부실해 보였고, 각 호실 천장마다 누수로 인한 벽지 곰팡이와 복도에는 녹슨 자국들이 군데군데 보였다. 분명 신축임에도 부실공사와 이에 따른 미분양으로 인해 경매가 진행된 물건 같았다. 멀리 제주까지 기대에 부푼 마음으로 가서 하자 있는 물건을 보니 아쉬움이 컸지만, 한편으로는 임장에 대한 중요성을 제대로 알게 된 소중한 기회였다. 멘토가 왜 멀리까지 임장을 보냈는지 그 이유를 알 수 있었다.

그날 이후로 나의 입찰 의지에 제대로 시동이 걸렸다. 평일에는 퇴근 후 한두 시간씩 경매사이트를 통해 사건 검색과 시세(급매가, 실거래가, 호가) 분석, 입지와 교통 분석, 모의입찰을 하고, 매주 주말에는 임장에 나섰다. 회사 업무와 운동 외의 시간에는 모조리 부동산 관련 공부와 물건 검색을 하며 몇 달을 보냈다.

## 시장 정책을 고려해 보수적으로 접근하다

이 무렵 정부의 부동산 규제지역 선포가 강화되어 점차 지정지역이 확대되었는데, 광역시 중 유일하게 대전만 비규제지역으로 남아 풍선효과에 의한 집값 폭등으로 연일 신고가가 갱신되고 있었다. 하지만 어차피 단타를 노리는 것이 나의 첫 경매 전략이었기에 나에게 연일 신고가가 갱신되는 지역의 낙찰은 하나의 기회였다.

이때부터 대전을 눈여겨보며 거의 매주 휴가를 내고 대전 법원의 입찰에 참가했다. 역시나 돈 냄새를 풍기는 곳에는 사람들이 북새통을 이루는 법, 아파트 경매 사건마다 수십 명의 입찰자들이 몰렸다. 상황이 이렇다 보니 감정가 100%를 넘기기 일쑤였고, 나는 늘 패찰의 고배를 마셨다. 물론 낙찰이 마냥 옳고 기쁜 일만은 아니다. 높게 낙찰되면 그만큼 수익구간이 좁혀지며 오히려 적자가 날 수도 있기 때문이다. 나는 패찰한 사건에 대해 항상 모니터링을 하여 해당 아파트의 동급 물건(동, 향, 층 기준)이 얼마에 다시 실거래가를 갱신하는지, 해당 물건 낙찰자의 판단이 옳았는지 복기했다.

　나는 입찰가를 보수적으로 정하는 편이다. '급매보다도 싸게 내놓을 자신이 있는가?'를 항상 고려했다. 보수적인 입찰가는 낙찰 확률을 낮게 만들기도 하지만, 그만큼 낙찰 이후 시장 정책의 변동 혹은 매매 수요가 적은 경우에 유연하게 대처할 수 있기 때문에 보수적인 입찰가로 패찰해도 의기소침하기보다 '아직은 내 차례가 아닐 뿐'이라는 마인드로 재도전의 준비를 했다. 물론 빌라 등의 대안도 있었지만 첫 낙찰에 도전하는 물건인 만큼 최악의 상황에 장기로 물리더라도 가격방어력이 상대적으로 양호한 아파트를 중점적으로 공략했다.

　많은 물건을 검색하고 임장을 하면서 나름대로 요령도 생겼다. 아파트의 경우는 실거래가, 방향, 시세, 교통 위주의 분석을 했다. 아파트 임장을 통해 느낀 점은 현장 임장의 필요성이 크게 중요하지는 않다는 점이다. 교통인프라, 혐오시설, 편의시설, 학교 등의 여부는 인터넷 지도를 통해 얼마든 확인이 가능하고, 이 요소들은 이미 실거래가에 어느 정도 반영이 되어 있었다. 보통 현장 임장을 통해 알고자 하는 가장 중요한 점은 해당 물건의 하자 여부이다. 운이 좋으면 실제 경매 물건에 들어가 상태를 확인해 보기도 했지만 대부분은 문전박대를 당해 내부를 볼 수 없었다. 이처럼 해당 주택의 내부 진입이 순조롭지 않거나 불가능한 경우가 대다수이기 때문에 동일 구조의 다른 층을 간접 임장한다고 해도 경매 물건의 하자를 파악하기에는 한계가 있었다. 차라리 그 시간에 다른 물

　　　　　　　　　　　　　　　Part 2　왕초보 투자자들의 실전 경매 분투기

건을 더 많이 검색하는 것이 이득이라는 생각이 들었다. 그렇게 다양한 물건을 검색하면서 파일철이 하나하나 완성되면 항상 가지고 다니며 입찰계획을 관리해 나갔다.

부득이하게 빌라를 보는 경우에는 연식이 오래될수록 가치가 하락하기 때문에 입찰 물건 검색시 회전률이 높을 것으로 예상되는 지역만 골랐다. '부동산지인' 등을 통해 해당 지역의 인구 유입을 확인하고, '밸류맵'과 '디스코' 사이트를 통해 평단가를 확인하여 다소 연식이 오래된 빌라의 평단가보다 낮은 보수적 입찰가로 접근했다. 또 빌라는 현장 임장을 무조건 진행했고 물건 내부의 하자가 많을 수 있음을 항상 고려했다.

이렇게 조사를 많이 하다 보니 입찰일에는 여러 물건을 함께 입찰했다. 이때 주력으로 입찰하는 물건이 아닌 경우에는 아주 보수적인 입찰가를 써냈다. 만약 추가 입찰한 사건이 모두 낙찰된다면 DSR, DTI에 의한 대출 문제가 생길 수 있고, 그렇게 되면 잔금 미납으로 이어져 피 같은 보증금을 날릴 수도 있기 때문이다. 따라서 무분별한 복수 입찰은 지양되어야 하며, 그렇다고 한 건의 입찰에만 귀중한 시간을 소모하는 것도 비효율적이어서 적정선을 잘 파악하는 것이 필요했다.

## 나의 첫 낙찰

나의 첫 낙찰 건도 임장은 인터넷으로만 이루어졌다. 가까운 거리에 초·중·고등학교와 대학교(한양대 에리카캠퍼스)가 있어 학군이 잘 갖춰져 있었다. 무엇보다 100m도 안 되는 거리에 수인선 역사 신축을 하고 있었는데, 8개월 후 완공예정이었다. 바로 입찰에 성공하면 낙찰부터 명도, 인테리어 공사 및 매도 계약까지를 어림잡아도 역사 완공시점과 맞물려 가격 상승에 호재로 작용할 것으로 직감했다.

　내가 직접 터득한 인터넷으로 아파트를 임장할 때의 작은 팁을 소개하면 해당 아파트의 공사 관련 검색어를 포털사이트에서 검색해 보는 것이다. 예를 들어 'A아파트 누수공사'를 검색하면 공사업체 또는 의뢰자 측에서 해당 아파트 공사 사례 관련 홍보성 글을 블로그와 카페에 많이 올린다. 이러한 게시글이 많다는 것은 그 아파트에서 누수와 같은 하자 접수 건이 많다는 것을 반증하고 그런 점을 참고하면 인터넷 임장만으로도 입찰 가격대를 선정하는 데 도움을 얻을 수 있다. 다행히 내가 입찰하고자 하는 아파트에는 엘리베이터 공사에 대한 건들만 몇 차례 검색이 되었고 개별 호수의 큰 하자공사 사례는 없었다(참고로 엘리베이터는 공용시설에 해당되어 하자가 있더라도 관리비로 수리비를 충당하기에 입찰가 산정에서 고려하지 않아도 된다).

　그리고 입찰일이 크리스마스 이브라는 점이 더욱 구미가 당겼다. 낙찰은 결국 경쟁에서 승리한 1인만의 전유물이다. 이 말은 경쟁이 적은 날짜에 갈수록 낙찰 확률이 올라간다는 뜻이므로 놀러 가기에 좋은 날인 크리스마스 이브에는 입찰 경쟁이 심하지 않을 것으로 예상했다. 또한 그날따라 같은 날에 경매 진행되는 물건들의 수가 적었다. 보통은 경매 물건 수가 많은 날일수록 입찰자가 많이 몰리고, 각 개별 물건에 대한 경쟁률도 높아질 수밖에 없다. 이왕이면 입찰을 하는 김에 보수적인 입찰가로라도 아파트 같은 안전마진 물건에 큰 기대 없이 복수입찰을 하는 나와 같은 생각의 입찰자들이 많기 때문이다.

이렇게 입찰 날짜를 크리스마스 이브로 정하고, 수인선 역사 인접 아파트를 메인 타깃으로 삼았다. 그리고 동일 날짜에 같은 법정에서 진행되는 다른 물건을 찾아봤는데, 나름대로 수요가 있을 법해 보이는 신축의 나홀로 아파트가 하나 있어 복수입찰을 하려고 마음먹었다. 해당 물건은 나홀로 아파트인데다 대형 건설사의 브랜드가 아니었고, 실거래 회전율이 낮았으며, 가장 최근의 실거래 사례가 다소 오래되어 매우 보수적인 가격으로 책정하여 주력 물건 패찰시를 대비한 보험성으로만 입찰을 계획했다.

**2018타경1** ░░░░░ ◆ 수원지방법원 안산지원 · 매각기일 : 2019.12.24(火) (10:30) · 경매 6계(전화:031-481-1192)

| 소 재 지 | 경기도 안산시 상록구 사동 ░░░░░░░░ 505동 5층 503호 도로명검색 [▣지도] [▣지도] | | | | | | | |
| 새 주 소 | 경기도 안산시 상록구 감골 ░░░ ░░░░░ 505동 5층 503호 | | | | | | | |

| 물건종별 | 아파트 | 감 정 가 | 373,000,000원 | 오늘조회: 1 2주누적: 0 2주평균: 0 조회동향 | | | |
| --- | --- | --- | --- | --- | --- | --- | --- |
| | | | | 구분 | 입찰기일 | 최저매각가격 | 결과 |
| 대 지 권 | 95.581㎡(28.913평) | 최 저 가 | (70%) 261,100,000원 | | 2019-09-10 | 373,000,000원 | 변경 |
| | | | | 1차 | 2019-11-19 | 373,000,000원 | 유찰 |
| 건물면적 | 129.133㎡(39.063평) | 보 증 금 | (10%) 26,110,000원 | 2차 | 2019-12-24 | 261,100,000원 | |
| | | | | 낙찰 : 278,790,329원 (74.74%) | | | |
| 매각물건 | 토지·건물 일괄매각 | 소 유 자 | 이░░ | (입찰4명,낙찰:이천시 ░░░ / 차순위금액 276,100,000원) | | | |
| 개시결정 | 2018-12-10 | 채 무 자 | 이░░ | 매각결정기일 : 2019.12.31 - 매각허가결정 | | | |
| | | | | 대금지급기한 : 2020.02.06 | | | |
| 사 건 명 | 임의경매 | 채 권 자 | (주)핀░░대부 외 1 | 대금납부 2020.01.28 / 배당기일 2020.03.10 | | | |
| | | | | 배당종결 2020.03.10 | | | |
| 관련사건 | 2019타경░░░(중복) | | | | | | |

하늘이 도와서인지 주력 건은 2등과 270만원 차이로 낙찰되었고, 다행히도(?) 두 번째 물건은 2등으로 패찰되었다. 먼저 메인 타깃이 낙찰되고 나니 두 번째 물건의 낙찰자 발표를 앞두고는 제발 패찰하게 해달라고 기도를 하기도 했다. 낙찰이 되고 관련 서류가 경매계로 넘어가기까지 기다린 후에 경매 사건 기록을 열람하여 촬영 및 복사를 한 후 바로 사후 임장을 준비했다. 이제 앞으로 겪어야 할 모든 일들 역시 처음이기에 걱정반 기대반의 심정이었다.

명도를 위해 채무자와 첫 연락을 하는 순간이 왔다. 낙찰자가 연락이 올 것은 알고 있었으나 이사에 대한 계획은 전혀 하고 있지 않았다. 이사 계획이 잡히면 연락을 달라고 하고 전화를 끊었으나 약속한 날짜에 연락이 오지 않아 다시 전화를 해도 받질 않았다. 그래서 음료수 한 박스를 사들고 직접 찾아갔다. 채무자는 본인도 경매 낙찰 경험이 있고 경매에 대해 잘 안다며 이사비 이야기를 먼저 꺼냈다. 이사비 관련해서는 100만원 정도를 상한선으로 생각하고 있다고 했더니 시원찮은 반응이었다. 일단 알겠다는 식으로 하고 첫 번째 대면 대화는 마무리지었다.

첫 대면 이후 멘토와 면담을 통해 명도합의각서를 받아오기로 하고 연락을 통해 재방문 일정을 잡았다. 요구하는 이사비는 240만원, 생각한 것보다 큰 비용이었다. 사실 이것도 따지고 보면 해당 평수에 따른 강제집행비용에 비하면 적은 액수이긴 했으나 전혀 고려하지 못한 금액이었기에 절충액을 여러 번 제안했다. 그러나 상대는 경매 낙찰 및 명도를 직접 진행해 본 유경험자이다 보니, 적정 이사비로 타협하는 것이 낙찰자 입장에서 강제집행까지의 절차를 밟는 것보다 여러모로 이득이라는 점을 잘 알고 있었다. 게다가 극단의 경우에는 집을 다 부수고 나갈 생각까지 하고 있다는 강수를 두었다. 여러 번의 절충 제안도 전혀 통하지 않아 결국은 요구하는 240만원에 명도합의각서를 작성했다.

다행히 각서 내용대로 정해진 날짜에 채무자는 집을 비웠고, 나는 당일 바로 매물로 내놓았다. 3억 2,000만원 선에서 실거래가가 형성되고 있었지만 이 실거래가가 두어 달 정도 전의 가격이라는 점과 명도까지 진행하는 기간 동안 시간이 흘렀고, 인근 역사 완공시점이 더욱 임박한 것을 고려하여 3억 5,000만원에 내놓았다.

이제부터는 집 꾸미기 차례였다. 이사 후 상태를 보아하니 도배와 청소는 기본이고, 수전과 전등 등 손볼 곳이 많았다. 최대한 저렴하게 소폭의 도배지로 도배를 하고 유성페인트로 문틀과 문의 칠을 했다. 청소까지 마치고 나니 얼핏 새집 느낌이 났고, 공실 상태였기 때문에 편하게 집을 보러 올 수 있도록 집 비밀번호를 인근 중개사무소에 알려주었다.

몇 번의 매수 의뢰가 왔으나 호가보다 너무 낮은 가격을 요구해 모두 거절을 하며 두 달 정도가 흘렀다. 마음이 조급해졌지만 내 매물의 경우는 인근에 지하철역 완공이라는 절대적인 호재가 있어 쉽게 시세 하락은 없을 것이라는 자신이 있었기에 3억 4,000만원 아래로는 매도를 하지 않겠다고 다짐을 했다. 그리고 내 생일인 3월 29일, 드디어 3억 4,000만원에 매수하겠다는 매수자가 나타나 바로 계약금을 받고 계약이 완료되었다. 나의 첫 경매 투자에 성공의 깃발을 꽂는 순간이었다.

내가 그토록 많은 시간과 노력과 발품팔이를 통해 쏟았던 땀이 드디어 결실을 맺는 순간이었다. 계약이 완료되고 바로 모의입찰표를 실거래가에 따른 손익표로 재구성해 봤는데, 각종 부대비용과 세금을 고려해 봐도 예상수익보다 월등히 많은 수익이 났다. 낙찰부터 매도까지 3개월 만에 3,200만원의 순수익이 생긴 것이다.

| 낙찰금액 | | 278,790,329원 |
|---|---|---|
| 매도금액 | | 340,000,000원 |
| 공과금 및 부대비용 | 취득세 | 2,800,000원 |
| | 법무사비용 | 1,700,000원 |
| | 은행 이자 | 3,400,000원 |
| | 인테리어 비용 | 2,700,000원 |
| | 중개수수료 | 1,500,000원 |
| | 양도세 | 14,500,000원 |
| | 명도 비용 | 2,400,000원 |
| | 부대비용 계 | 29,000,000원 |
| 수익 | | 32,200,000원 |
| * 비고 : 은행 대출 223,000,000원 | | |

그리고 하늘이 도운 또 하나의 사건은 매수자가 등기를 하고 난 2개월 뒤 그곳이 규제지역으로 묶였으며, 내가 취득한 분양권 지역도 규제지역으로 묶이게 되었다. 2개월 정도 매도계약이 늦어졌더라면 규제지역 분양권과 규제지역 주택으로 인해 2주택자 양도세와 더불어 단기 매도로 인한 양도세까지 더해져 세금 폭탄을 떠안을 뻔했다는 것이다. 다행히 매도시점까지 나의 분양권과 낙찰된 물건이 모두 비규제지역이었기 때문에 가장 최소한의 세금 납부로 손바꿈이 마무리될 수 있었다.

## 기회를 기회로 볼 수 있는 눈을 가져라

기회는 왔을 때 잡아야 하고, 그러기 위해서는 기회를 기회로 볼 수 있는 눈을 항시 준비하고 있어야 한다. 그런 면에서 봤을 때 나는 내가 가진 여건과 상황에서 적절한 시점에 경매라는 기회를 포착했던 것 같다. 나는 앞으로, 지금처럼 아니 지금보다 더 많이 읽고 듣고 느끼고 찾아보며 내가 이루고자 하는 목표를 향해 끊임없이 도전하겠다고 또다시 다짐해 본다.

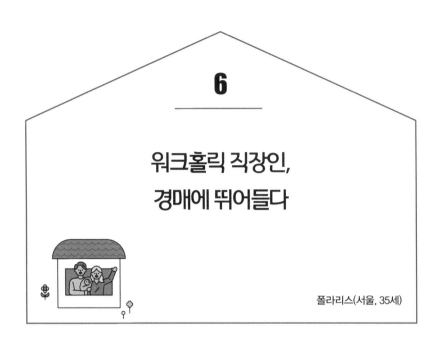

# 6

## 워크홀릭 직장인, 경매에 뛰어들다

폴라리스(서울, 35세)

'생각은 행동을 바꾸고, 행동은 습관을 바꾸고, 습관은 운명을 바꾼다.(랄프 왈도 에머슨)'

이 말은 내가 서울에 상경해 6개월 가량 반지하 생활을 하다 그럴싸한 4층 원룸으로 전세를 옮긴 후 잘 보이는 벽 한쪽에 필사하여 붙여놓은 글귀다. 워크홀릭이었던 나는 끊임없이 운명을 바꾸겠다는 생각을 했고, 이를 위해 누구보다 더 열심히 노력을 했다고 자부했다. 그렇게 쉼없이 달려온 지 5년째 되던 어느 날, 번아웃이 왔다. 심신이 미약해져 일에 집중할 수가 없었다. 방황이 이어졌고 이대로는 안 되겠다는 생각이 들었다. 내게는 변화가 필요했다.

우선 주위를 둘러보았다. 열심히 달려온 만큼 또래들에 비해 적지 않은 연봉과 돈을 모았지만 여전히 부족했다. 결혼을 하고 아이가 생긴다면? 부모님이 편찮으셔서 경제적 도움을 드려야 한다면? 내 집 마련을 할 때 대출금은 어떻게 감당해야 하지? 모든 것을 하나씩 다시 보니 부실하기 짝이 없었다. 지금부터 대비를 하지 않으면 안 되었다. 그래서 평소에는 쳐다보지도 않던 유튜브를 통해 돈이 될만한 것은 모두 검색해 보았다. 그리고 운명처럼 '부동산 메신저' 채널을 만나게 되었다.

## 한 건 입찰하러 서울에서 속초까지 간다고?

그렇게 인연을 맺고 강의를 들으며 커리큘럼에 따른 모의입찰에 들어갔다. 부동산의 '부' 자도 제대로 모르던 내가 고른 첫 물건은 김포에 있는 아파트였다. 테스트 겸 모의입찰에 참여한 나는 결과를 보고 매우 의아했다. 기일이 되어 낙찰된 금액은 실제 거래되는 일반매매가와 거의 차이가 없었기 때문이다. 경매는 저렴하게 매입해 제값에 파는 것이 기본전제인데, 낙찰가가 시세와 별 차이가 없었다. 얼마 지나지 않아 김포와 같은 과정을 일산에서 한 번 더 겪었다. 이번에는 실전이었다. 이 물건의 입찰에 참여한 사람은 무려 23명이나 되었다. 최고가매수인부터 3등까지만 입찰가격을 불러줬는데, 낙찰가격은 나와 2,000만원이나 넘게 차이가 났다. 참담한 패찰이었다.

전략의 수정이 필요했다. 수도권이 아닌 지방으로 눈을 돌리기로 했다. 빠르게 다음 물건을 찾던 중 눈에 들어온 곳이 있었다. 강원도 속초,

정확히 말하면 고성군에 위치한 바다가 보이는 나홀로 아파트였다. 주말을 기다려 새벽부터 3시간을 운전해 물건지로 곧장 향했다. 지역의 특성상 외지인이 많아 비어 있는 집이 다수였고, 해당 물건도 마찬가지로 사람이 없었다. 옆집, 위층 같은 호수, 위층의 옆집, 아래층까지 모두 초인종을 눌렀지만 사람은 아무도 없었다. 어쩔 수 없이 돌아오려는 순간 엘리베이터에서 내리는 아래층 같은 호에 거주하는 분을 어렵게 만날 수 있었다. 서울에서 3시간 넘게 운전해 왔다며 아주 간곡하게 사정을 말씀드린 후에야 겨우 집안을 볼 수 있었다. 거실에서 보니 한눈에 들어오는 바닷가 전망이 너무 마음에 들어 이 물건을 꼭 생애 첫 낙찰지로 받고 싶었다.

주말을 통해 물건을 보았지만 입찰은 평일이었다. 이번에는 휴가를 내고 1박 2일로 내려가 첫날은 관광을 하면서 여유로운 시간을 보내고 다음 날 아침 일찍 준비를 하고 입찰을 하러 법정으로 갔다. 8만이 조금 넘는 인구의 속초이기에 사람이 많이 없을 거라 생각했는데, 오산이었다. 자리가 없어 법정 바깥까지 나와 있는 사람들을 보고 적잖이 놀랐다. 심적으로 흔들렸지만 미리 작성해 놓은 입찰표를 마무리하고 차분히 기다렸다. 아마 사전에 작성하지 않았다면 꼭 낙찰받고 싶은 마음에 더 높은 금액을 썼을 것이다. 하지만 결과는 참담한 패찰이었다. 이곳 역시 최고가매수인이 실거래가 수준을 써서 낙찰을 받은 것이다. 속초까지 와서 한 입찰이었기에 힘이 더 빠졌지만 또 하나의 큰 경험을 했다고 생각하니 그나마 위안이 됐다.

# 첫 낙찰, 그리고 연이은 두 번째 낙찰

부동산 경매는 꾸준히 보물을 찾는 과정이라고 한다. 아쉬움이 남는 강원도 물건이었지만 이제 시작이니 지치지 말고 더 열심히 뛰기로 마음먹었다. 경쟁을 조금이라도 피할 수 있는 곳을 계속 찾던 중 멘토가 파주를 추천했다. 파주라면 '헤이리마을' 외에는 떠오르는 게 없는 곳이었지만 개의치 않았다. 오히려 속초보다 훨씬 접근하기 쉬운 것이 더 좋았다.

물건은 운정 2기 신도시에 위치한 19년 된 구축 아파트의 1층이었다. 초등학교가 있는 소위 '초품아'였고, 건너편에 최근 개장한 홈플러스가

| **2019타경XXXXX** | ●의정부지법 고양지원 ●매각기일 : 2020.04.28.(火) (10:00) ●경매 11계(전화:031-920-6323) | | | | | | |
|---|---|---|---|---|---|---|---|
| 소재지 | 경기도 파주시 목동동XXXX 외 4필지. XXXXX | 805동 1층 101호 도로명검색 지도 지도 | | | | | |
| 새 주소 | 경기도 파주시 청암로XX. 805동 1층 101호 | | | | | | |
| 물건종별 | 아파트 | 감 정 가 | 261,000,000원 | 오늘조회: 1 2주누적: 3 2주평균: 0 조회동향 | | | |
| | | | | 구분 | 입찰기일 | 최저매각가격 | 결과 |
| 대 지 권 | 56.378㎡(17.054평) | 최 저 가 | (70%) 182,700,000원 | 1차 | 2019-10-29 | 261,000,000원 | 변경 |
| | | | | | 2020-01-14 | 261,000,000원 | 유찰 |
| 건물면적 | 84.715㎡(25.626평) | 보 증 금 | (10%) 18,270,000원 | 2차 | 2020-02-18 | 182,700,000원 | 변경 |
| | | | | | 2020-04-28 | **182,700,000원** | |
| 매각물건 | 토지·건물 일괄매각 | 소 유 자 | 조XXXX | 낙찰: 221,850,000원 (85%) | | | |
| | | | | (입찰10명, 낙찰:동작구XXXX / 차순위금액 216,686,470원) | | | |
| 개시결정 | 2019-04-24 | 채 무 자 | 조XXXX | 매각결정기일 : 2020.05.06 - 매각허가결정 | | | |
| | | | | 대금지급기한 : 2020.05.27 | | | |
| 사 건 명 | 임의경매 | 채 권 자 | (주)씨XXXXX 외 1명 | 대금납부 2020.05.26 / 배당기일 2020.06.17 | | | |
| | | | | 배당종결 2020.06.17 | | | |
| 관련사건 | 2020타경6XXXX (중복) | | | | | | |

있었고, 인근 상가 개발로 인해 편의성이 개선되고 있는 곳이었다. 더욱이 한때 유행했던 화단을 이용할 수 있는 1층 세대만의 공간이 있어 구축이어도 팔리는 데는 문제가 없을 거라 판단을 했다. 권리분석과 임장 등을 통해 꼼꼼히 분석한 후 감정가의 85%를 책정했다. 결과는 드디어 첫 낙찰이었다.

잔금 납부 후 1개월 만에 매도를 완료했고, 세전수익률은 약 37% 정도였다. 부동산에 대해 모든 것이 처음이었던 내가 주택담보대출을 받고, 등기필증을 받고, 매도계약서를 쓰고, 돈이 통장에 들어오는 것을 직접 체험할 때의 이 모든 느낌은 살아오며 성취해 봤던 그 어떤 것보다도 짜릿했다.

| 낙찰금액 | | 221,850,000원 |
|---|---|---|
| 매도금액 | | 240,000,000원 |
| 공과금 및 부대비용 | 취득세 | 2,218,500원 |
| | 법무사비용 | 350,000원 |
| | 은행 이자 | 200,000원 |
| | 중개수수료 | 1,500,000원 |
| | 양도세 | 8,000,000원 |
| | 부대비용 계 | 12,268,500원 |
| 수익 | | 5,881,500원 |
| * 비고 : 은행 대출 180,000,000원 | | |

그 뒤부터 나는 거칠 것이 없었다. 정부의 강력한 부동산 정책이 발표되었지만, 나는 규제가 적은 지방으로 눈을 돌렸다. 울산을 추천받고, 곧

장 달려가 1박 2일 동안 닥치는 대로 임장을 다녔다. 공업도시로만 알고 있던 울산이었지만 새삼 아름다운 풍경을 지닌 모습에 임장을 다니는 내내 힘들지 않았다. 그리고 마침내 동구에 위치한, 바다가 보이는 24평 아파트를 보니 너무 마음에 들었다.

입찰일에 하루 휴가를 내고 새벽 기차를 타고 법원에 가장 먼저 도착했다. 여유있게 준비해 간 입찰표를 다시 한번 확인한 뒤 후회없이 입찰함에 봉투를 넣었다. 결과는 최고가 낙찰이었다. 차순위와의 금액은 겨우 33,000원 차이였다. 이미 한 번 맛본 낙찰의 기쁨이었지만, 정말 한 끗 차이의 낙찰금액에 너무 놀라 안내를 받고 법정에서 나오는 내내 가슴이 떨려 진정이 안 되었다. 고생해서 울산까지 내려온 보람이 있었다.

**2019**타경**1**○○○○    • 울산지방법원 본원 • 매각기일 : 2020.07.28(火) (10:00) • 경매 9계(전화:052-228-8269)

| 소재지 | 울산광역시 동구 방어동 ○.○○○○101동 6층 604호 도로명검색 ▣ 지도 ▣ 지도 | | | | | | | |
|---|---|---|---|---|---|---|---|---|
| 새 주 소 | 울산광역시 동구 화문로○.○○○○101동 6층 604호 | | | | | | | |
| 물건종별 | 아파트 | 감 정 가 | 150,000,000원 | 오늘조회: 1 2주누적: 0 2주평균: 0 조회동향 | | | | |
| | | | | 구분 | 입찰기일 | 최저매각가격 | | 결과 |
| 대 지 권 | 25.714㎡(7.778평) | 최 저 가 | (70%) 105,000,000원 | 1차 | 2020-06-23 | 150,000,000원 | | 유찰 |
| | | | | 2차 | 2020-07-28 | 105,000,000원 | | |
| 건물면적 | 59.98㎡(18.144평) | 보 증 금 | (10%) 10,500,000원 | 낙찰 : 120,833,000원 (80.56%) | | | | |
| 매각물건 | 토지·건물 일괄매각 | 소 유 자 | 정○○ 외2 | (입찰6명,낙찰 : ○○○ / 차순위금액 120,800,000원) | | | | |
| 개시결정 | 2019-08-05 | 채 무 자 | 정○○ 외2 | 매각결정기일 : 2020.08.04 - 매각허가결정 | | | | |
| 사 건 명 | 임의경매 | 채 권 자 | (주)아○○대부 | 대금지급기한 : 2020.09.09 | | | | |
| | | | | 대금납부 2020.09.08 / 배당기일 2020.10.27 | | | | |
| | | | | 배당종결 2020.10.27 | | | | |

두 번째로 낙찰받은 울산 물건 역시 1997년에 지은 구축이었지만 시원한 바다 뷰와 양옆으로 초등학교가 위치해 있어 동구에서는 인기가 많은 아파트였다. 점유자와 매끄럽게 명도 합의를 마치고, 잔금 납부와 매도를 위한 간단한 인테리어 공사까지 마무리하고 난 뒤 중개사무소에 내놓았다. 그리고 13일 만에 매수자가 나타나 일사천리로 매도계약을 했는데, 이 물건은 실투자금 3,000만원을 들여 세금을 제하고도 1,000만원이 넘는 수익을 내었다.

| 낙찰금액 | | 120,833,000원 |
|---|---|---|
| 매도금액 | | 145,500,000원 |
| 공과금 및 부대비용 | 취득세 | 2,218,500원 |
| | 법무사비용 | 300,000원 |
| | 은행 이자 | 430,000원 |
| | 인테리어 비용 | 1,800,000원 |
| | 중개수수료 | 750,000원 |
| | 양도세 | 8,000,000원 |
| | 기타 비용 | 500,000원 |
| | 부대비용 계 | 13,998,500원 |
| 수익 | | 10,668,500원 |
| * 비고 : 은행 대출 90,000,000원 | | |

## 경매는 결국 의지의 문제다

흔히 나 같은 직장인들은 회사 업무 때문에 경매를 하는 게 어렵다고

Part 2  왕초보 투자자들의 실전 경매 분투기

말한다. 하지만 실제로 주위를 둘러보면 경매를 배우기 위해 공부를 하는 나 같은 사람들은 하나같이 직장인들이다. 그리고 그들은 퇴근 후 또는 주말을 이용해 반드시 한 곳 내지 두 곳 정도의 물건을 임장하러 다닌다. 심지어 나처럼 주말을 이용해 지방 임장을 다녀와 좋은 물건을 기어이 찾아내곤 한다. 그렇다면 이는 전적으로 의지의 문제다.

나는 하나의 물건을 낙찰받기 위해 앞뒤 생각하지 않고 강원도 고성으로, 울산으로 새벽같이 움직여 물건지를 직접 눈으로 확인하는 임장을 했다. 이때의 경험은 서울에 살더라도 지방으로의 임장이 문제가 되지 않는다는 것을 직접 확인한 계기가 되었다.

아직도 망설이는가? 지금 당장 시작하여 운명을 바꾸는 열차에 함께 타지 않겠는가?

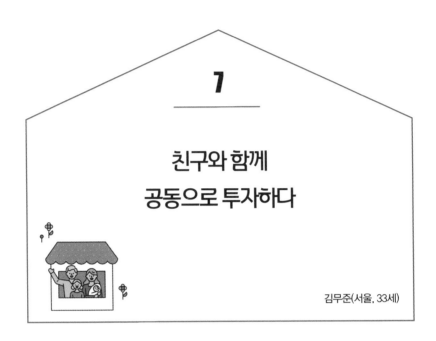

# 7

## 친구와 함께
## 공동으로 투자하다

김무준(서울, 33세)

"부동산 같은 거 하는 거 아니다."

부동산 경매에 뛰어들기 전, 주식과 선물·옵션을 전업으로 삼았던 내가 항상 입에 달고 살았던 말이다. 부동산 하락론자였던 아버지의 영향도 있었지만, 단순히 주가지수의 수익률과 부동산의 수익률을 비교했던 시절에는 부동산은 자산 저장 수단이지 수익을 낼 만한 상품은 아니라고 생각했다. 하지만 모든 투자가 그렇듯 항상 좋을 수 없는 것처럼 나 또한 고점을 찍은 이후 자만심에 빠져 무리한 레버리지와 리스크 관리 실패로 결국 깡통을 차게 되었다. 그 무렵 사업을 같이 하던 친구가 부동산 경매를 공부하고 있었는데, 부동산에 대해 부정적이었던 나였지만 상황을 반전시킬 만한 수단이 필요해 친구와 함께 공부를 시작했다. 그리

Part 2 왕초보 투자자들의 실전 경매 분투기

고 부동산을 공부해 보니 레버리지를 잘 활용하면 충분히 주식 이상으로 수익을 올릴 수 있을 거라는 자신감이 생기며, 부동산을 투자상품으로써 바라보게 되었다.

다만 첫 시작이니 만큼 리스크를 줄이고 싶었고, 당시 여러 가지 상황으로 자금이 순환되지 않던 터라 친구와 공동투자를 하기로 했다. 평소에 '투자든 사업이든 최대한 빨리 한 사이클을 돌려봐야 한다'고 생각했던 나와 친구는 제대로 된 경매 수업을 수강하며, 함께 권리분석을 하고 서로 지역을 나눠 임장을 다니기 시작했다.

## 경매는 무조건 싸게 사야 한다?

한 건의 입찰을 위해 온·오프라인에서 경매 물건의 정보를 찾고 임장을 다니는 활동은 매우 중요하다. 하지만 그것보다 더 중요한 것은 본인이 직접 권리분석을 통해 수익률을 따져 적정 입찰가를 산정하는 것이다. 이 과정을 소홀히 하면 낙찰을 받더라도 매도 후 손에 쥐는 돈이 없거나 오히려 손해를 보는 경우도 발생한다.

우리는 입찰 전 시세 분석과 각종 비용을 고려해 본 후 입찰가를 산정했는데, 네 번의 입찰에서 모두 200만원 내외의 차이로 패찰을 경험했다. 패찰 후 우리는 '무엇이 문제일까?' '저 사람은 왜 저 가격에 샀을까?' '우리가 조사하고 계산한 부분 중 어디서 잘못된 걸까?' 등 다각도로 사후분석을 해봤는데, 이를 통해 얻게 된 결론은 '부동산 가격은 고정된 것이 아니다'라는 것이다. 낙찰 후 매도의 과정까지 부동산 가격은 끊임없이 오르고 내리기 때문에 순간의 가격이 아닌 낙찰 이후의 가격 흐름까지 고려해야 한다는 것을 알게 되었다. 그 후 우리는 지역의 호재, 정부 정책, 시장의 분위기를 종합하여 가격 흐름까지 분석하며 적정 입찰가를 산정해 보려 노력했다.

일산의 물건을 조사하며 GTX-B와 고양선의 신설, 방송영상 밸리 조성, 3기 신도시로 인한 전세 물건 감소와 전세가 상승, 수도권 규제를 피한 풍선효과로 인해 가격이 오를 것이라고 예측했다. 그리고 우리는 다섯 번의 도전 끝에 일산의 한 아파트를 차순위와 200만원 차이로 시세에 근접한 2억 1,789만원에 낙찰받았다. 낙찰자로 호명된 후 얼떨떨함

| 2019타경6 | | | ● 의정부지법 고양지원 ● 매각기일 : 2020.04.08(水) (10:00) ● 경매 4계(전화:031-920-6314) | | | | |
|---|---|---|---|---|---|---|---|
| 소 재 지 | 경기도 고양시 일산서구 일산동 　.　1306동 6층 607호 도로명검색 □지도 □지도 | | | | | | |
| 새 주 소 | 경기도 고양시 일산서구 일산로 　.　1306동 6층 607호 | | | | | | |
| | | | | 오늘조회: 1  2주누적: 0  2주평균: 0  조회동향 | | | |
| 물건종별 | 아파트 | 감 정 가 | 240,000,000원 | 구분 | 입찰기일 | 최저매각가격 | 결과 |
| 대 지 권 | 41.191㎡(12.46평) | 최 저 가 | (70%) 168,000,000원 | 1차 | 2020-01-29 | 240,000,000원 | 유찰 |
| | | | | | 2020-03-04 | 168,000,000원 | 변경 |
| 건물면적 | 57.76㎡(17.472평) | 보 증 금 | (10%) 16,800,000원 | 2차 | 2020-04-08 | 168,000,000원 | |
| 매각물건 | 토지·건물 일괄매각 | 소 유 자 | 이 | | 낙찰: 217,890,100원 (90.79%) | | |
| 개시결정 | 2019-04-17 | 채 무 자 | 이 | | (입찰26명,낙찰: 　/ 차순위금액 215,999,990원) | | |
| | | | | | 매각결정기일 : 2020.04.14 - 매각허가결정 | | |
| 사 건 명 | 임의경매 | 채 권 자 | 한국자산관리공사 | | 대금지급기한 : 2020.05.12 대금납부 2020.05.12 / 배당기일 2020.06.17 배당종결 2020.06.17 | | |

과 기쁨에 떨리는 손으로 이름을 쓰고 도장을 찍는 경험은 해본 사람만이 알 것이다.

## 사장님, 저랑 같이 신고가 갱신 한 번 해보실래요?

다른 매물들과 차이를 두기 위해 인테리어를 새로 한 후 매물로 내놓기로 하고 인테리어 견적을 알아보는 도중 부동산 대책이 발표되며 일산이 규제지역에 포함되었다는 소식을 접했다. 그 여파로 일산은 거래가 멈추고 규제가 없는 파주와 김포의 부동산이 급등하기 시작했다.

'규제지역이 되면 가격이 떨어지는 건가?' '대출금액이 줄어드는데 일산 아파트를 매수하려는 사람이 없으면 어떻게 하지?' '전세라도 내놓고 버텨야 하나?' '우리 둘 중 한 명이 전세로 들어갈까?' 등 여러 가지 대책들을 고민했는데, 결론은 애초에 생각했던 대로 최소한의 수익금만 남는 수준인 2억 4,500만원에 매물로 내놓기로 했다.

하지만 인테리어가 끝나고 몇 주가 지나도록 집을 보는 사람들만 오고 가는 상황에 조바심이 나기 시작했다. 이런 조바심을 가라앉히기 위해 퇴근 후에는 중개사무소에 들려 상황을 계속 파악했다. 우리 단지를 포함해 근처의 단지까지 전셋값은 계속 오르고 있었고, 같은 평형대의 매물은 우리 물건밖에 없다는 것을 알게 되었다. 이 상황을 보니 무슨 자신감이 생겼는지 "사장님, 저랑 같이 신고가 갱신 한 번 해보실래요?"라고 제안하며 호가를 10% 정도 더 올린 2억 7,000만원으로 조정해 내놓

앞다. 그러자 기적같이 1주일 뒤 매수자를 찾게 되었고, 100만원을 깎아 2억 6,900만원에 계약서를 쓰게 되었다. 전세가는 오르는데 전세 물건이 없으니 전세를 보려는 사람이 결국 매수를 결정한 것이다.

이렇게 낙찰 후 명도와 매도까지 4개월 만에 예상한 금액 이상의 수익을 얻게 되었다. 규제로 인해 손해를 볼 것 같다는 불안감으로 매일같이 중개사무소를 찾아갔던 덕분에 주변 상황을 파악할 수 있어 좋은 선택을 할 수 있게 된 것이다. 이처럼 부동산 시장의 동향과 매수자·매도자의 심리를 가장 잘 알고 있는 건 인근의 공인중개사들이다. 최대한 시장에 관심을 가지고 중개사무소 사장님을 가까이 두면 분명 도움이 될 것이다.

| 낙찰금액 | | 217,890,100원 |
|---|---|---|
| 매도금액 | | 269,000,000원 |
| 공과금 및 부대비용 | 취득세 | 2,624,000원 |
| | 법무사비용 | 1,000,000원 |
| | 은행이자 | 2,404,200원 |
| | 인테리어 비용 | 11,000,000원 |
| | 중개수수료 | 1,100,000원 |
| | 양도세 | 6,941,000원 |
| | 기타 비용 | 2,881,300원 |
| | 부대비용 계 | 27,950,500원 |
| 수익 | | 23,159,400원 |

\* 비고 : 은행 대출 196,000,000원

# 세상에서 가장 위험한 것은 리스크가 없는 삶이다

초심자의 행운인지 운이 따라 주어서인지 처음으로 낙찰받은 아파트를 성공적으로 매도하고, 개인적으로는 다행스럽게도 다른 곳에 투자했던 자금들도 회수되어 상황이 전보다는 좋아졌다.

하지만 한 치 앞도 보이지 않던 상황에서 리스크를 짊어지고 선뜻 무엇인가에 뛰어들기는 쉽지 않았다. 그리고 모든 투자가 성공적으로 끝나는 것은 아닐 것이다. 나를 포함한 많은 이들이 금융투자에서 깡통을 차는 이유는 욕심에 눈이 멀어 감당할 수 없는 리스크를 짊어졌기 때문이다. 물론 이러한 실패의 이유를 들어 투자 행위 자체가 무조건 위험하고, 단순히 운의 요소만 작용하는 투기라고 생각하는 것 또한 옳지 않다고 생각한다.

경매에 관심을 가지거나 재테크에 관심이 있는 사람들이라면 지금까지의 삶과는 다른 삶을 꿈꾸고 있는 사람들일 것이다. 그렇다면 생각만 하는 것이 아니라 꿈을 이루기 위해 실행을 해야 한다. 공부도 좋고 준비도 좋지만 일단 시작부터 하기를 권한다. 부족한 부분은 계속 보완해 나가면 된다. 입으로만 경제적 자유를 논하면서 아무것도 시작하지 않는다면 변화는 오지 않는다. 변화를 위해 감당할 수 있는 리스크를 쥐고 첫발을 내딛고 헤쳐나가길 기원한다.

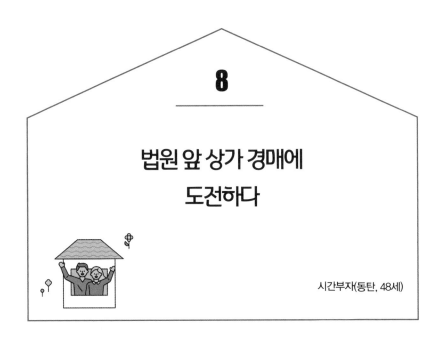

# 8

## 법원 앞 상가 경매에
## 도전하다

시간부자(동탄, 48세)

내가 경매에 관심을 가지게 된 시점은 2017년이었다. 눈만 뜨면 몇 억씩 뛰는 아파트값을 보고 소위 '현타'가 왔기 때문이다. 매년 연말 보너스가 뉴스에 나오는 국내 대표 기업에서 십여 년 이상 근무하고 있어 생활하는 데는 크게 부족하지 않았지만 나이가 한 살씩 들수록 월급에만 의존하는 삶에 점점 불안감과 무력감이 커지고 있었다. 이제는 무언가를 하지 않으면 안 될 것 같았다. 어머니가 공인중개사라 업종에 익숙하기도 하고, 일 년에 몇 건만 낙찰되어도 기본적인 거래액수가 크다 보니 노후를 위한 준비를 할 수 있겠다는 점이 경매의 큰 매력으로 느껴졌다.

우선 가장 접근하기 쉬운 유튜브에서 경매 관련 영상을 찾아보았다. 당시 웬만한 경매 영상은 거의 다 섭렵하며 기본지식을 익혔다. 많은 사람들이 추천하는 부동산 매매 법인도 만들고 종잣돈을 모아가며 조금씩 준비를 시작했다. 2020년, 연초에 발생한 코로나19의 영향으로 모든 산업이 전방위적으로 타격을 받았고, 근근이 버티던 많은 자영업자들이 위기를 맞고 있었다. 그렇다면 연말쯤에는 경매 물건이 많이 나올 것으로 예상되어, 4월부터 본격적으로 경매 수업을 들으며 경매 준비에 들어갔다.

## 변호사에게 월세 받아볼까?

경매 입찰을 위해 법원에 자주 다니다 보니 법원과 검찰청 인근에 변호사와 법무사 사무실이 많이 몰려있음을 알게 되었다. 그리고 생각해보니 이들 업종은 경기의 영향도 덜하고, 무엇보다 법을 다루는 사람들이니 주변에서 흔히 발생하는 임대료 미납이나 불량 임차인 문제는 적을 듯 보였다.

이렇게 생각이 정리된 후부터는 전국 법원과 검찰청 인근의 경매 물건을 주기적으로 검색했고, 몇 주 후 인천지방검찰청 바로 앞 1층에 위치한 45평 근린상가를 발견했다. 그런데 입찰일이 이틀 후였다. 부랴부랴 임장을 가보니 위치가 변호사나 법무사 사무실로 쓰기에 적합했다. 느낌이 좋았다.

그런데 경매가 시작되었음에도 현장에는 누군가 사업자등록도 하지 않은 채 전체를 새로 인테리어해 카페를 오픈한 상태였다. 상황이 의아해 카페에 들어가 사장님과 통화할 방법을 물어봐도 알려주지 않았다. 인근 중개사무소에 문의해 보니 해당 업소 상황은 잘 모르겠지만 여기선 길에 차이는 게 변호사들인데 설마 법적으로 대책도 없이 누가 새로 카페를 차렸겠냐고 했다.

상황이 혼란스럽기는 했지만 일단 1차에 감정가보다 살짝 높은 금액의 입찰가로 도전해 보기로 했다. 입지도 괜찮고 권리분석상 임차인의 권리는 후순위니 충분히 입찰할 만했다. 그리고 놀랍게도 결과는 단독 입찰에 낙찰이었다. 입찰일이 7월 말 8월 초 휴가기간이어서인지 당일 법원에는 사람이 역대급으로 적었기에 좋은 결과가 있었지 않았나 싶다.

**2020타경5▨▨▨▨** • 인천지방법원 본원 • 매각기일 : 2020.07.21(火) (10:00) • 경매 25계(전화:032-860-1625)

| 소 재 지 | 인천광역시 미추홀구 학익동 ▨▨. ▨. 1층 105호 도로명검색 [D지도] [D지도] | | | | | | | |
|---|---|---|---|---|---|---|---|---|
| 새 주 소 | 인천광역시 미추홀구 학익소로▨▨. ▨▨▨▨ 1층 105호 | | | | | | | |
| 물건종별 | 근린상가 | 감 정 가 | 660,000,000원 | 오늘조회: 1  2주누적: 1  2주평균: 0  조회동향 | | | | |
| 대 지 권 | 51.043㎡(15.441평) | 최 저 가 | (100%) 660,000,000원 | 구분 | 입찰기일 | 최저매각가격 | 결과 | |
| | | | | 1차 | 2020-07-21 | 660,000,000원 | | |
| 건물면적 | 147.4㎡(44.589평) | 보 증 금 | (10%) 66,000,000원 | 낙찰 : 681,000,000원 (103.18%) | | | | |
| 매각물건 | 토지·건물 일괄매각 | 소 유 자 | 유▨▨ | (입찰1명,낙찰 : ▨▨▨▨▨) | | | | |
| 개시결정 | 2020-02-05 | 채 무 자 | 유▨▨ 외 1명 | 매각결정기일 : 2020.07.28 - 매각허가결정 | | | | |
| | | | | 대금지급기한 : 2020.08.26 | | | | |
| 사 건 명 | 강제경매 | 채 권 자 | (주)지▨▨건설 | 대금납부 2020.08.26 / 배당기일 2020.12.03 | | | | |
| | | | | 배당종결 2020.12.03 | | | | |

# 오늘 나는 내가 아니야

채무자와 어렵게 연락이 닿아 만나기로 한 날이 되었다. 만나러 가는 길에 채무자가 어떻게 나올지 상황별로 머릿속에 정리해 보다 수업시간에 들은 채무자와 대화시 팁이 생각났다. 일명 '유체이탈 화법'이었다.

도착해 보니 저만치 채무자의 배우자와 법무사로 여겨지는 50대 남자가 서류를 보며 얼굴을 찡그리고 있었다. 자리에 앉자마자 본인은 채무자의 친척이라며, 어디서부터가 진실이고 어디까지가 거짓인지 알 수 없는 이야기를 시작했다. 실은 채무자가 원래 돈이 많은데 ○○에 펜션을 짓다 건설사가 가압류를 거는 바람에 이 상황까지 왔다며, 한 번 유찰될 줄 알고 그 일정에 맞춰 경매 취소시킬 예정이었는데 이렇게 1회에 낙찰될 줄 몰랐다고 했다. 또 1억 원 넘게 들여 3개월 전에 인테리어를 했으니 원하면 싸게 넘기겠다, 아니면 월세를 조금 낮춰주면 카페 임차인으로 계속 영업하고 싶다는 등의 이야기를 이어갔다.

그래서 "나는 경매는 처음이라 잘 모르고, 멘토님이 찍어주셔서 그냥 받은 것"이라고 전달하며, "오늘은 원하는 조건만 듣고 멘토와 상의하겠다"고 이야기했다. 대화 내내 "아~ 그러셨구나" "그래요?" 같이 맞장구만 쳐주고 돌아왔다. 그리고 하루 뒤 '가능한 빨리 자리를 비워달라'고 문자로 통보했다. 경매까지 진행된, 그리고 경제적 신용회복 여부를 알 수 없는 채무자를 임차인으로 계약하기는 누구라도 쉽지 않을 것이다.

# 거~ 강제집행하기 딱 좋은 날이군

채무자는 역시 쉽게 움직이지 않아 강제집행을 진행했다. 그리고 인도명령을 집행하려면 참관인 2명이 필요한데, 마침 부모님도 한 번 가보고 싶다고 하셔서 모시고 현장으로 가는 길에 낙엽이 너무나 멋진 거리를 지나치다 "거~ 오늘, 강제집행하기 딱 좋은 날이군요" 하니 모두 웃으셨다.

사실 아침에 상가 관리소장으로부터 전화를 받았는데, 채무자 겸 점유자가 어제 마지막까지 남아 있던 에어컨과 냉장고 등을 가지고 야반도주했다고 전해주었다. 직접 만나주지도 않고, 소유권 이전 후에도 전화상으로 두 달여 기간 동안 이것저것 말도 안 되는 핑계를 대며 계속 점유하다 법원 집행관이 나온다고 하니 그날로 다 챙겨 나간 모양이었다. 그래도 법원 입회하에 출입문 개문 및 자물쇠를 교환해야 그 시점부터 점유이전이 법적으로 인정되므로 모두 절차대로 따랐다. 모든 절차를 마치고 혼자 남아 채무자가 어질러놓고 간 상가 내부와 앞마당을 치우고, 인근 중개사무소를 방문해 법률사무소 용도로 매물로 내놓았다.

| 낙찰금액 | | 681,000,000원 |
|---|---|---|
| 공과금 및 부대비용 | 취득세 | 31,326,000원 |
| | 법무사비용 | 1,594,000원 |
| *비고 : 은행 대출 575,000,000원, 수익형 부동산으로 운영 중 | | |

# 상가와 토지에 관심을 갖자

상가로 대표되는 상업시설(이하 '상가')은 근린시설(꼬마빌딩)·상가·사무실·공장·숙박업소 등 주거용 부동산 외에 건물이 있는 모든 부동산을 말하며, 토지는 대지·전·답·임야 등을 말한다.

나는 처음부터 주로 상업시설과 토지에 관심을 가졌는데, 가장 큰 이유는 정부 규제가 적기 때문이었다. 상업시설의 경우는 보통 70~90%까지도 대출이 어렵지 않게 나온다. 또 다른 이유는 아파트로 대표되는 주거용 부동산에 비해 개별성이 강하기 때문에 용도를 세분화하면(주택 대비) 투자자의 수가 적고, 경우에 따라서는 내가 원하는 시점에 내가 직접 건물의 가치를 업그레이드할 수도 있다. 그리고 충분한 자본금과 시간이 있다면 토지만한 투자처는 없다고 본다.

이처럼 상업시설이나 토지 같은 비주거 부동산에 지속적으로 투자를 하려면 1인법인이나 가족법인도 검토해 봐야 한다. 이 경우 포괄적 필요경비(대출이자, 법인차량 등) 인정 등의 절세도 가능하고, 그 외에 개인과의 명의 분리를 통해 소득 및 자산 분리(법인 대표나 직원으로 급여 설정, 비과세 한도 내 주주 차등배당 등)도 가능하다. 명의상으로는 법인이지만 실제는 개인이 통제하고, 자연인이 아닌 법인의 속성상 적법한 범위 내에서 법인 주주 구성원, 주주 지분 세팅에 따라 실질적인 상속·증여에도 활용할 수 있다.

다음은 내가 원칙으로 삼는 투자 가이드이다. 참고하면 좋을 것이다.

- 움직이는 개발지에 투자하라 : 매수자에게 설명할 필요가 없는 개발지역 물건이 잘 팔린다.

- 향후 인구가 줄지 않는 도시에 투자하라 : 이제 인구변화 추세는 투자에서 변수가 아닌 상수다. 정부에서 발표하는 소멸위기 지방도시, 소위 도시별 살생부를 조회해 보자.

- 대중이 무엇을, 왜 좋아하는지 생각해 보자. 그리고 대중의 기호는 대개 20~30대 여자의 취향이 리드한다 : 내 개인 취향보다 내 물건을 사주거나 사용할 대다수 사람들의 기호가 중요하다.

- 현재 뜨고 있는 틈새 비즈니스에 주목하라 : 공유오피스, 독서실 카페, DT(드라이브스루)형 매장, 공유주방, 실내 스포츠(풋살, 농구, 테니스), 농어촌 빈집활용 숙박업 등 신규 아이템에 관심을 가져야 한다.

- 목적형 상가로 바꿔라 : 좋은 입지에 있지만 지하층이나 탑층 등 나쁜 층이나 위치의 상가에 목적형 업종을 입혀보자.

- 업사이클링(up-cycling)하라 : 쓸모없이 버려지는 물건에 새로운 디자인으로 가치가 높은 물건으로 변화시켜 보자. 예를 들어 버려진 땅이나 노후된 못난이 건물을 리모델링 등을 통해 맞는 옷을 입혀주는 식이다.

- 내 주변 토지의 개발계획에 대해 관심을 가져라 : 네이버 부동산(개발지역 정보, 교통호재 등), 도시계획정보서비스(upis.go.kr)의 '내 땅의 도시계획'(지자체 계획도로 등), 택지정보(map.jigu.go.kr) 등에서 개발 단계별 택지정보를 지속적으로 살펴보자.

## 남들 눈치 보지 말고 원하는 삶을 살자

임종을 앞둔 사람들에게 한평생 살면서 가장 후회되는 것이 무엇인지 물어보면 공통적으로 '가족이나 주변 사람들과 더 가까이 지내지 못했다' '남들에게 더 베풀지 못했다'와 함께 상당한 비율로 '남들 눈치 보느라 내가 하고 싶은 대로 살지 못했다'고 답했다고 한다. 여건이 안 되어 할 수 없다면 어쩔 수 없으나, 살면서 단지 스쳐 지나갈지도 모르는 주변 사람을 의식하여 원하는 것을 선뜻 행동으로 옮기지 못한다면 참으로 안타까운 일이다.

지금 자신이 하고 싶은 일이 있다면 그 무엇이든 하면서 살았으면 한다. 굳이 어떤 일을 하는지가 중요할까? 오롯이 내가 주도하는 나의 삶, 그 자체면 충분하지 않을까?

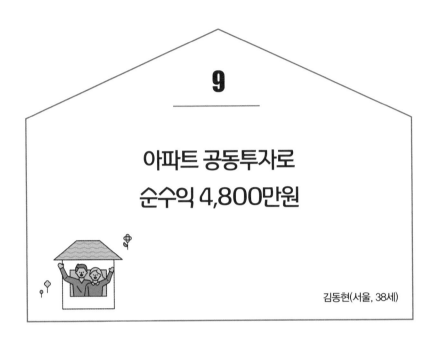

# 9

## 아파트 공동투자로
## 순수익 4,800만원

김동현(서울, 38세)

　모든 직장인이 그러하듯 나 역시 묵묵히 회사에 출근 도장을 찍으며 안정적인 미래를 그려가고 있는 평범한 직장인 중 한 명이다. 하지만 나의 미래를 보다 확실히 만들기 위해서는 무엇인가를 더 해야 할 것만 같은 목마름이 있었다. 사회생활을 한지 대략 3년 정도 되었을 때, 나는 단기적인 목표를 설정하며 '돈을 조금만 더 모으면 월세를 벗어나 전세로 옮길 수 있겠구나' '내 생애 첫 차를 가지고 싶다' 등 그 당시 나에게 꼭 필요한 미래를 그려 보았다.

# 재테크에 관심을 가지다

단기적인 목표를 정하고 하나하나 이루어가고 있던 어느 날, 보다 먼 미래를 그려 보기로 했다. 큰 목표 없이 이대로 가다가는 결혼도, 내 집 마련도 못할 것 같았다. 그때부터 직장을 다니며 할 수 있는 재테크에 관심을 가지기 시작했다. 주말 알바, 주식, 펀드, 창업, 이직 등 돈을 벌 수 있는 것들을 찾아보며 할 수 있는 것들은 직접 실행에 옮겼다. 하지만 주말 알바를 하며 주말에 쉬지 않고 일을 하다 보니 회사에서의 업무 효율이 너무 떨어졌다. 창업은 초기 투자비용과 실패시 손실이 너무 크고, 주식이나 펀드 등은 자칫 잘못하면 어렵게 모은 종잣돈의 손실이 발생될 수도 있어 쉽게 도전하지 못했다. 하지만 분명 안정성과 자산 증식을 동시에 충족할 방법이 있을 것이라 생각했고, 고민 끝에 내린 결론은 부동산 투자였다.

부동산 투자는 유형자산에 투자하는 것이니, 투자시 특별한 악재나 하자를 분별할 수만 있다면 종잣돈 손실을 최소화하며 자산 증식을 할 수 있을 것 같았다. 또 괜찮은 부동산을 시세보다 저렴하게 가져올 수만 있다면 수익성을 극대화시킬 수 있을 것 같았다. 그리고 그 방법으로 부동산 경매를 선택하고, 당장 서점에 달려가 경매 관련 책들을 찾아 공부를 시작했다. 책을 읽으면 읽을수록 내가 원하던 이상적인 투자방법과 맞았다. 하지만 책 몇 권 읽었다고 해서 새로운 분야에 나 홀로 도전하기에는 위험 부담이 있을 것 같았다. 그래서 전문적인 교육기관을 알아보던 중 주위의 추천으로 멘토를 소개받아 본격적으로 경매 공부를 시작했다.

## 몇 차례 도전과 계속된 패찰

하지만 애석하게도 내가 공부를 시작한 시점이 정부의 대대적인 부동산 규제정책이 나오는 시기와 맞물렸다. 지정지역의 확대와 대출 규제, 부동산 세금의 대대적인 상향 조정 등 이제 막 경매를 시작하려는 상황에서 큰 악재와 마주하게 되었다. 하지만 아무리 어려운 상황에서도 누군가는 반드시 흥하는 사람이 있을 거였다. 우선 서울과 경기도 지역뿐만 아니라 규제가 덜한 지방으로까지 물건 선정 범위를 넓히고 임장 후 수익분석을 통해 모의입찰을 반복했다.

실전으로 첫 입찰에 도전한 곳은 울산이었다. 같은 날에 진행되는 3억 원 전후의 아파트 두 건에 동시에 입찰을 했다. 하지만 너무 보수적으로 접근해서인지 결과는 모두 패찰이었다. 예상한 낙찰가와 너무나 차이가 나는 결과를 접하니 말문이 막혔다. 첫술에 배가 부를까 싶어 이후에도 공격적으로 입찰을 이어갔다. 그런데 결과는 패찰의 연속이었다. 이렇게 공격적으로 입찰을 계속 하다가는 연차를 모두 소진해 입찰을 하고 싶어도 못할 수 있겠다는 생각이 들었다. 이 문제를 해결해야 했다.

## 공동투자로 대안을 찾다

그러다 떠오른 아이디어가 공동투자였다. 정부의 부동산 규제정책 중 하나가 '유주택자 또는 다주택자' 관련 규제인데, 추가 부동산 취득에 매우 강력한 세금 제재가 적용되는 내용이었다. 경매에서 입찰가를 산정할 때 수익적인 부분이 반드시 고려되어야 하는데, 유주택자의 경우는 취득세와 양도세가 너무 높아 경매 입찰시 경쟁력 있는 입찰가 산정이 어려웠다. 그렇다 보니 상가, 토지, 공장 등 경매 초보자가 접근하기 어려운 물건으로만 그 범위가 한정되어 버린다. 즉, 지금과 같은 상황에서는 무주택자가 가장 유리했다.

그래서 함께 경매 수업을 받는 동기생 중 한 명에게 제안을 했다. 그 동기생은 집을 한 채 보유 중이었고, 개인사업을 하고 있어 시간적으로 여유가 있는 상태였다. 조건은 ① 나의 무주택 명의로 공동투자를 한다. ② 물건 선정, 시세 조사, 입찰가 및 수익 산정 등 모든 상황은 같이 공유한다. ③ 공동투자 물건은 시간적 여유가 있는 동기생이 대리입찰을 해줬으면 한다는 것이었다. 서로의 어려운 상황을 보완할 수 있는 나의 제안은 받아들여졌다. 나는 계속해서 입찰 기회를 만들 수 있었고, 동기생은 나의 무주택자 지위를 활용해 수익을 낼 수 있는 방법이었던 것이다.

이후 우리는 함께 물건을 선정하고 계속해서 입찰을 이어갔다. 하지만 역시나 결과는 패찰의 연속이었다. 다른 돌파구가 필요했다. 우선 법원 경매의 경쟁률이 너무 높았다. 규제지역 확대로 인해 얼마 안 되는 비규제지역으로 입찰수요가 몰린 탓도 있겠지만, 금액대도 적당하고 인기 있는 평형의 물건들은 기본적으로 경쟁률이 높았다. 내 눈에 좋아 보이는 것은 남의 눈에도 좋아 보이는 것이 당연했다. 그렇다면 다른 방법으로 부동산을 낙찰받을 방법이 없을까를 고민하던 중 멘토가 추천한 방법이 바로 부동산 공매였다.

# 경매가 아니면 공매로 간다

부동산 공매는 부동산 경매와는 비슷하면서도 다른 방식이다. 공매 역시 명도절차를 제외한 권리분석과 진행 절차가 경매와 거의 동일했지만 기본적인 경쟁률 면에서는 경매 대비 낮은 편이다. 온라인으로 입찰이 가능하다는 장점도 있다. 명도에 대한 부담으로 잠시 접어 두었던 공매가 우리가 가지고 있던 고민을 해결해 줄 수 있는 해결책으로 보였다. 동기와 나는 공매 사이트를 뒤지며 옥석 가리기를 시작했다.

이곳저곳 물건을 찾던 중 포항의 한 아파트가 눈에 들어왔다. 포항은 몇 년 전 발생한 지진의 영향으로 한때 아파트 시세가 대폭 하락했으나 지금은 원래의 시세로 회복해 가고 있는 중이었다. 온라인의 자료로 해당 물건의 수익분석을 해본 결과, 물건은 괜찮은데 공동투자를 하기에는 수익이 많이 날 것 같지 않았다. 공동투자이다 보니 수익이 너무 적으면 아니함만 못하기 때문에 고민을 하다 동기에게 의견을 물었다. 그런데 이게 무슨 우연인지 동기의 고향이 포항이고 해당 물건지와 차로 10분 거리에 부모님이 살고 계셔서 그 동네를 잘 알고 있었다. 부모님께 확인해 보니 실제로 포항지역의 아파트 시세는 회복 중이고, 해당 아파트의 동 위치와 층이면 바다가 잘 보이는 뷰가 나올 거라고 했다. 우리는 바로 임장을 가서 물건의 상황을 확인해 보기로 했다.

해당 물건은 대형 평수(64평)여서 매도에 시간이 오래 걸리면 투자금이 묶일 수 있기 때문에 매매가 잘되는지 여부와 실제 거래가능금액을 임장을 가서 집중적으로 확인해 보기로 했다. 임장 전 확인한 바로는 가장 최근의 실거래가가 3억 2,000만원이었으나 실제 호가는 약 3억 9,000만원 선으로 그 차이가 너무 컸고, 거래 빈도 또한 매우 낮아 이 두 가지 부분에 대해 집중적으로 조사했다. 그 결과, 해당 단지의 64평형 대 세대수가 60세대밖에 안 되어 당연히 거래 빈도가 낮을 수밖에 없었고, 최근의 실거래가는 그 당시 매도자가 정말 급해 매도만 해주면 그 금액으로 해주겠다고 하여 원래 시세를 받지 못하고 급매한 것으로 확인되었다. 공인중개사에 의하면 바다 뷰가 나오면 4억원 정도까지 실거래가 가능하다고 했고, 대형평수에 뷰가 좋은 집이 나오면 알려달라는 대기 손님이 있다고 했다. 그럼, 낙찰만 된다면 매도까지 쉽게 해결될 것이라는 예감이 들었다. 중개사무소에서 긍정적인 소식을 듣고, 내려간 김에 점유자를 만나 내부상태를 확인해 보고자 해당 아파트를 찾아가 벨을 눌렀다. 분명 내부에서 소리는 나는데 문을 열어주지 않았다. 몇 차례 벨을 더 눌렀지만 오히려 집안의 소리가 더 조용해질 뿐이었다. 결국 내부는 보지 못하고 돌아와야 했다.

이제 입찰가 산정에 돌입했다. 그 당시 최저 입찰가는 2억 7,000만원 수준이었고, 2회 유찰된 상태였다. 왠지 이번 회차에서 낙찰자가 나올 것 같았다. 아마도 다른 입찰자들은 실제 임장을 가보지 않았을 것이고, 최근의 국토부 실거래가가 3억 2,000만원이어서 이를 보고 2회 유찰되기를 기다린 것 같았다. 하지만 나와 동기는 발품을 팔아 실제 거래가능 금액을 알고 있는 상태였기에 해당 물건은 전략적으로 입찰가를 산정해 꼭 첫 낙찰 물건으로 가져오고 싶었다. 그래서 입찰가 산정시 1회 유찰 최저입찰금액인 3억원보다 조금 더 높게 쓰기로 협의했다. 왠지 다른 입찰자들이 2억 7,000만원 ~ 3억원 사이의 금액을 써낼 것 같았다. 우리는 3억 1,100만원 정도로 입찰을 했고, 결과는 다행히 낙찰이었다. 이제 우리가 사전조사한 것과 같이 매도만 된다면 첫 낙찰 물건에서 예상외의 큰 수익을 올릴 수 있을 것 같았다.

| 2020-0 | | 입찰시간 : 2020-09-21 10:00~ 2020-09-23 17:00 | | | 조세정리팀 (☎ 1588-5321) | |
|---|---|---|---|---|---|---|
| 소재지 | 경상북도 포항시 북구 양덕동 제106동 제17층 제1704호 [지도] [지도] (도로명주소 : 경상북도 포항시 북구 양덕로 제106동 제17층 제1704호 (양덕동, )) | | | | | |
| 물건용도 | 주거용건물 | 감정가 | 341,000,000 원 | | 재산종류 | 압류재산(캠코) |
| 세부용도 | 아파트 | 최저입찰가 | (80%) 272,800,000 원 | | 처분방식 | 매각 |
| 물건상태 | 낙찰 | 집행기관 | 한국자산관리공사 | | 담당부서 | 대구경북지역본부 |
| 토지면적 | 75.43 | 건물면적 | 159.49 | | 배분요구종기 | 2020-08-24 |
| 물건상세 | 대 75.43㎡, 건물 159.49㎡ | | | | | |
| 위임기관 | 포항세무서 | 명도책임 | 매수인 | | 조사일자 | 0000-00-00 |
| 부대조건 | 2020/08/24 | | | | | |

▸입찰 정보(인터넷 입찰)

| 입찰번호 | 회/차 | 대금납부(기한) | 입찰시작 일시~입찰마감 일시 | 개찰일시 / 매각결정일시 | 최저입찰가 |
|---|---|---|---|---|---|
| 0038 | 034/001 | 일시불(30일) | 20.09.07 10:00 ~ 20.09.09 17:00 | 20.09.10 11:00 / 20.09.14 10:00 | 341,000,000 |
| 0038 | 035/001 | 일시불(30일) | 20.09.14 10:00 ~ 20.09.16 17:00 | 20.09.17 11:00 / 20.09.21 10:00 | 306,900,000 |
| 0038 | 036/001 | 일시불(30일) | 20.09.21 10:00 ~ 20.09.23 17:00 | 20.09.24 11:00 / 20.09.28 10:00 | 272,800,000 |

낙찰 : 310,992,209원 (114%)

## 공매는 명도가 어렵다?

이제 관건은 명도였다. 대응을 어떻게 할지가 고민이었다. 점유자가 거세게 반발할 수도 있고, 오히려 마음 아픈 이야기를 할 수도 있겠지만 우리의 입장을 확실히 전달하자고 동기와 협의했다. 원만한 명도 진행을 위한 안내문 내용도 작성해 보았다. 우편으로 발송해도 되겠지만 우편발송보다는 우선 점유자를 만나 확답을 받고 싶었다. 하지만 나는 직장인 신분이라 연차 사용에 제약이 있어 주중에는 내려가기가 어려웠는데, 동기가 주중에 혼자 가서 만나 보겠다고 했다. 이런 점이 공동투자의 장점이었다.

1차 방문날, 우선 우체통을 확인했다고 한다. 우체통에는 개인이 발송한 우편물이 하나 있었는데, 다행히 그 우편물에 점유자의 연락처가 있었다. 명도시 점유자의 연락처를 사전에 알 수 있다면 선제적으로 점유자에게 연락하여 명도에 대한 이야기를 할 수 있기 때문에 유리한 상황이 된다. 그리고 물건지로 이동해 벨을 눌렀으나 인기척이 없었다. 잠시 물건지 앞에서 기다리다 관리비 변동내역이 있는지 확인을 위해 관리사무소로 이동해 미납관리비를 확인했다. 이후 다시 물건지로 돌아가다 우체통을 확인해 보니 아까 보았던 우편물이 없어졌다. 역시 내부에 점유자 또는 가족이 있으나 문을 열어주지 않았던 것이다. 다시 찾아가도 열어주지 않을 것 같아 미리 적성해 둔 명도 합의 안내문을 현관문에 부착하고 점유자의 연락을 기다렸다. 점유자에게도 마음의 준비를 할 시간을 주고 싶었다.

그리고 2일 뒤 점유자에게서 연락이 왔다. 물론 전화 통화로도 원하는 바를 설명할 수 있었지만 오해를 만들기 싫어 1주일 뒤로 약속을 하고, 드디어 점유자와 물건지에서 대면이 이루어졌다. 예상외로 명도 합의는 수월하게 진행되었다. 우리가 원하는 명도일자에 점유자와 합의를 했고,

퇴거까지 큰 무리 없이 완료되었다. 점유자가 퇴거 후에는 내부 청소와 동시에 인근 중개사무소에 방문해 매도절차를 진행했다. 그리고 매도절차를 진행한지 약 3주 만에 4억 800만원에 매도계약이 체결되었다. 예상금액보다 더 높은 금액으로 매도를 하게 되어 수익률 또한 더 상승했다. 이로써 우리는 첫 공동투자로 좋은 결실을 얻을 수 있었고, 다음 새로운 공동투자 물건에 도전을 준비하고 있다.

| 낙찰금액 | | 310,992,209원 |
|---|---|---|
| 매도금액 | | 408,000,000원 |
| 공과금 및 부대비용 | 취득세 | 4,583,770원 |
| | 법무사비용 | 421,300원 |
| | 은행 이자 | 2,836,920원 |
| | 중개수수료 | 1,600,000원 |
| | 양도세 | 38,722,590원 |
| | 기타 비용 | 580,000원 |
| | 부대비용 계 | 48,744,580원 |
| 수익 | | 48,263,211원 |
| * 비고 : 은행 대출 248,000,000원 | | |

# 10

# 부동산, 피할 수 없다면
# 현명하게 맞서자

욜로(경기, 39세)

나는 지금까지 내 분야에서 인정받고 자리잡기 위해 열심히 달려왔다. 내 분야에서 커리어를 쌓기 위해 에너지를 전부 쏟았으며, 다른 분야의 활동들은 내 인생에서 불필요하다고 생각했다. 뉴스나 신문기사 그리고 주위 사람들을 통해 청약, 경매, 재개발 등 부동산 재테크로 짭짤한 수익을 벌었다는 소식을 접해도 나는 내 분야에서 제대로 인정받는 것이 우선이었으며, 재테크는 특별한 사람들이 하는 활동이라고만 생각했다. 어쩌다 시간이 되어 관련 정보를 접하게 되도 알 듯 말 듯한 용어에 막혀 고민하다 '그래, 이건 내가 할 수 있는 활동이 아닌 거야'라고 단정짓고 포기를 했다.

그렇게 시간이 흘러 결혼 적령기를 지난 어느 시점, 나는 나의 결혼 조건들에 대해 생각해 보았다. 직업, 건강, 자녀 등 하나하나 따져보다 미처 생각하지도 대비하지도 못했던 주택이라는 단어에서 손이 멈췄다. 지금까지 부모님과 함께 생활했던 나는 또래 친구들에 비해 주택에 대한 고민이 전혀 없었다. 부동산 매물을 찾아본 적도 없었고, 중개사무소를 방문해 본 적도 없었다. 심지어 부동산 계약서를 본 적도 없었다. 그런데 미래에 대한 고민을 하나하나 해보니 부동산은 부모님이 현재의 집을 상속해 주거나 내가 결혼을 해서 신혼집을 마련하거나 직장으로 인해 독립을 해서 새집을 구하는 등 아직 나에게 닥치지 않은 것일 뿐 나의 인생에서 피할 수 없는 선택이었다. 꼭 재테크 수단으로서가 아니어도 부동산은 나에게 꼭 필요했다. 적금·펀드·주식 등의 재테크 수단들은 내가 안하고 싶다면 안해도 되겠지만, 부동산은 내가 안하고 싶다고 안할 수 있는 것이 아니라 필수적으로 나의 인생에서 함께해야 하는 것이었다.

## 부동산 공부를 시작하다

이런 문제를 인식하고 나니 부동산을 공부해야겠다는 조바심이 났다. 다행히 지금은 다양한 채널을 통해 유용한 정보들을 쉽게 얻을 수 있었다. 주업으로 인해 시간이 많이 없었기 때문에 상대적으로 투자하는 시간이 적어 보이는 청약에 대해 먼저 공부하기로 했다. 무료로 정보를 구할 수 있는 부동산 카페에 가입하고, 유튜브에서 관련 동영상을 찾아보았다. 이를 통해 기본적인 지식들을 쌓을 수 있었다. 하지만 무료로 제공되는 정보들은 한계가 있었다. 가장 큰 한계점은 막히는 부분에 대해 질문하고 답변을 받을 수 없다는 것이었다.

　나는 부동산에 대한 지식이 전무했기 때문에 댓글에 달린 의견들은 나에게 적절한 답변이 되지 못했다. 평소 배우는 것에 대해서는 제대로 투자해야 한다는 생각을 가지고 있던 나는 유료 강의를 찾아 유명한 청약 강의를 수강했고, 1:1 컨설팅도 받아보았다. 그리고 청약 당첨을 위해 여러 차례 시도를 해보았지만 청약은 신혼부부·다자녀 등 아무 우대조건이 없는 나에게는 그림의 떡이었다. 청약 열기는 점점 높아져 경쟁률은 하늘로 치솟고 있었고, 나는 복권처럼 추첨에 의존할 수밖에 없었다. 그래서 청약 당첨만 기다릴 것이 아니라 다른 투자도 함께 병행해야겠다고 판단했다.

　부동산 정보를 찾아 공부하면서 청약과 함께 많이 언급된 것이 경매였다. 그렇게 자연스레 다음 관심은 경매로 이어졌고, 유튜브에서 '부동산 메신저' 채널을 접하게 되었다. '부동산 메신저'에서는 일반적으로 경매를 공부하는 사람들의 문제점을 지적했다. 그것은 바로 이론 공부에서 벗어나 실전을 경험해 보라는 것이었다. 이 말은 내가 그동안 수많은 경매 강의 커리큘럼을 확인하며 망설이고 있었던 부분을 속 시원하게 해결해 주었다. 대부분의 경매 관련 강의를 보며 비용 때문이 아니라 강의를 마친 후 내가 실제 경매를 할 수 있을까 하는 의문에 수강 신청을 망설였기 때문이다. 나는 바로 수강 신청을 했다.

　강의는 처음부터 실전 경매를 위한 필수적인 내용으로 구성되어 있었다. 불과 몇 주 후 나는 미흡하지만 매물을 검색하고 권리분석을 진행하는 등 적합한 물건을 찾아 수익을 분석하고 낙찰가를 산정하기에 이르렀다. 물건을 찾으면 멘토와 함께 반복적인 검토를 거치며 실제 필요한 기술 위주로 익혔다. 강의 커리큘럼 안에는 실제 법원에 가서 경매 물건에 입찰하는 것도 포함되어 있었기 때문에 나는 강의를 수강하며 실제 입찰도 준비했다.

## 내가 잘 아는 지역에 도전하다

나의 경우는 부동산에 대해 전혀 모르기 때문에 내가 오랫동안 살아온 지역을 대상으로 투자 물건을 찾았다. 오랫동안 한 지역에서 살아왔기 때문에 이 지역을 잘 안다고 생각했는데 막상 조사를 해보니 입지·정책·호재 등 각 동네마다 나름대로의 특징을 가지고 다른 시세를 형성하고 있었다. 나는 4개의 물건을 선정하고 수차례 임장을 진행하며 물건을 분석했다.

드디어 첫 번째 물건의 입찰일이 다가왔다. 업무 때문에 바빠 입찰 전날이 되어서야 멘토와 입찰가에 대해 최종적으로 상담을 하고, 실수를 하지 않기 위해 입찰표를 미리 작성했다. 현재도 그렇지만 내가 입찰할 당시에도 경매에 관심이 집중되던 시기였다. 평소보다 많은 사람들이 경매에 도전하고 있었으며, 입찰경쟁이 붙어 감정가와 입찰가가 크게 차이가 나지 않거나 오히려 더 높은 입찰가를 제출하는 일도 비일비재했다. 내가 작성한 입찰가는 기존에 낙찰된 유사 물건들과 비교해 봤을 때 낙찰을 받기에는 부족한 금액이었다. 하지만 조급해하지 않고 경험한다는 생각으로 강의에서 배운 대로 소신있게 입찰표를 작성했다.

경매 당일, 법원에 처음 가본 나는 북적북적하는 많은 사람들에 놀라며 그들을 따라가다 보니 경매장에 쉽게 이동할 수 있었다. 법정에 들어간 나는 낙찰을 받기에는 부족한 금액이라고 생각하고 있었기에 편안한 마음으로 지켜보고 있었다. 내 물건의 차례가 되었고 입찰한 사람들은 지시에 따라 앞으로 나왔다. 다행인지 내가 입찰한 물건에는 예상보다 많지 않았다. 낮은 금액부터 차례대로 한 명씩 이름이 호명되다 내 이름이 마지막에 호명되었다. 근소한 차이로 내가 낙찰받게 된 것이다. 강의를 수강한지 약 20일 만에, 그것도 처음 도전한 입찰에서 내가 원하는 가격으로 물건을 낙찰받았다. 처음 방문한 경매장이라 어색한데 낙찰까지 받은 상황이 너무 당황스러워 사실 아무것도 보이지도 들리지도 않았다. 요청하는 대로 서명을 하고 보증금 영수증을 받고 대출 명함을 받으며 법원을 나왔다.

사실 나는 업무로 인해 거의 밤을 새우고 법원에 갔었는데, 아침에는 어차피 낮은 입찰가로 낙찰이 안 될 텐데 그냥 포기할까 하는 마음도 있었다. 하지만 입찰까지 도와주신 분들에 대한 고마움과 이왕 시작했으니 열심히 해보자는 의지로 경매에 참석했는데, 너무나도 뜻밖에 좋은 결과를 얻을 수 있었다. 다시 생각해 봐도 30대 후반까지 부동산에 대한 경험이 전혀 없었던 내가 너무 일반적이지 않게도 첫 부동산을 매매가 아닌 경매로 소유하게 되었다는 사실이 꿈만 같았다.

**2018타경7**◯◯◯◯ ·인천지방법원 부천지원 · 매각기일 : 2020.10.08.(木) (10:00) · 경매 8계(전화:032-320-1138)

| 소재지 | 경기도 부천시 중동 ◯◯◯. ◯◯◯◯◯ 106동 3층 302호 도로명검색 □지도 □지도 | | |
| 새 주 소 | 경기도 부천시 계남로 ◯◯◯. ◯◯◯◯ 106동 3층 302호 | | |

| 물건종별 | 아파트 | 감 정 가 | 195,000,000원 |
| 대 지 권 | 27㎡(8.168평) | 최 저 가 | (70%) 136,500,000원 |
| 건물면적 | 41.85㎡(12.66평) | 보 증 금 | (10%) 13,650,000원 |
| 매각물건 | 토지·건물 일괄매각 | 소 유 자 | 망 이◯◯의 상속재산관리인 변호사 이향◯ |
| 개시결정 | 2018-11-06 | 채 무 자 | 망 이◯◯의 상속재산관리인 변호사 이향◯ |
| 사 건 명 | 임의경매 | 채 권 자 | 한국주택금융공사 |

오늘조회: 1 2주누적: 1 2주평균: 0 조회동향

| 구분 | 입찰기일 | 최저매각가격 | 결과 |
| 1차 | 2020-07-23 | 195,000,000원 | 유찰 |
| | 2020-08-27 | 136,500,000원 | 변경 |
| 2차 | 2020-10-08 | **136,500,000원** | |

낙찰 : 165,990,000원 (85.12%)

(입찰4명,낙찰:◯◯◯ /
차순위금액 164,900,900원)

매각결정기일 : 2020.10.15 - 매각허가결정
대금지급기한 : 2020.11.20
대금납부 2020.11.19 / 배당기일 2020.12.16
배당종결 2020.12.16

| 낙찰금액 | | 165,990,000원 |
|---|---|---|
| 매도금액 | | 200,000,000원 |
| 공과금 및 부대비용 | 취득세 | 1,820,000원 |
| | 법무사비용 | 500,000원 |
| | 은행 이자 | 900,000원 |
| | 중개수수료 | 880,000원 |
| | 양도세 | 12,450,000원 |
| | 기타 비용 | 2,300,000원 |
| | 부대비용 계 | 18,850,000원 |
| 수익 | | 15,160,000원 |
| * 비고 : 은행 대출 117,000,000원 | | |

# 부동산 공부의 시작은 경매다

곰곰히 생각해 보면 부동산 문제는 누구나 예외없이 인생 전체에 걸쳐 동반된다는 것을 알 수 있을 것이다. 하지만 부동산은 단시간 내에 관련 지식을 학습하거나 성과를 얻기 힘들다. 따라서 공부와 경험을 거치는 시간이 필요하다. 우리가 관심있게 보지 않았을 뿐 주변을 둘러보면 다양한 연령층에서 시간을 내어 부동산을 공부하는 사람들을 쉽게 볼 수 있다.

그리고 다양한 부동산 투자방법 중에서 경매는 부동산을 공부하고 경험하는 데 있어 공통적이고 기초적인 학습을 하기에 매우 좋은 수단이라고 생각한다. 경매를 잘 익혀두면 매매, 재개발, 공매 등 다양한 분야에도 도전이 가능하다. 부동산 투자를 시작하기에 적절한 나이, 재능, 종잣돈 등은 고민할 필요가 없다. 나 또한 이런 사소한 문제들로 오랜 시간 고민했지만 지금 생각해 보면 낭비의 시간들이었다. 그리고 이것을 깨우친 나는 평생을 함께해야 하는 부동산을 꾸준히 공부하고 경험할 계획이다.

부동산은 우리의 삶에서 피할 수 없는 존재이다. 그러니 지금부터라도 미리 준비하고 현명하게 대처하기를 바라며, 고민하는 데 시간을 쓰기보다는 이 책을 읽는 지금 바로 공부와 성공 경험을 시작하기 바란다.

★

핵심만 담은 부동산 경매 &
왕초보 투자자들의 실전 투자 분투기

초판 1쇄 인쇄  2021년 4월 20일
초판 1쇄 발행  2021년 4월 30일

지은이  김진원
펴낸이  백광옥
펴낸곳  천그루숲
등록  2016년 8월 24일 제25100-2016-000049호

주소  (06990) 서울시 동작구 동작대로29길 119
전화  0507-1418-0784  팩스 050-4022-0784  카카오톡 천그루숲
이메일  ilove784@gmail.com

기획 / 마케팅 백지수
인쇄 예림인쇄  제책 예림바인딩

ISBN 979-11-88348-84-8 (13320) 종이책
ISBN 979-11-88348-85-5 (15320) 전자책